《国际中文教师证书》考试
面试教程（第二版）

A Coursebook on the Interview of the CTCSOL Examination (second edition)

李鹤鸣　主编

张淑男　任　磊　张一萍
龙江燕　邢力钶　白斯达　编著
陈琳君　刘宝佳　安　菲

北京大学出版社
PEKING UNIVERSITY PRESS

图书在版编目(CIP)数据

《国际中文教师证书》考试面试教程 / 李鹤鸣主编；张淑男等编著. —2版. —北京：北京大学出版社，2023.12
ISBN 978-7-301-34621-1

Ⅰ.①国⋯ Ⅱ.①李⋯②张⋯ Ⅲ.①汉语—对外汉语教学—资格考试—自学参考资料 Ⅳ.①H195.3

中国国家版本馆CIP数据核字（2023）第213682号

书　　名	《国际中文教师证书》考试面试教程（第二版） 《GUOJI ZHONGWEN JIAOSHI ZHENGSHU》KAOSHI MIANSHI JIAOCHENG (DI-ER BAN)
著作责任者	李鹤鸣　主编 张淑男　任　磊　张一萍　龙江燕　邢力钶　白斯达　陈琳君　刘宝佳　安　菲　编著
责任编辑	路冬月
标准书号	ISBN 978-7-301-34621-1
出版发行	北京大学出版社
地　　址	北京市海淀区成府路205号　100871
网　　址	http://www.pup.cn　　新浪微博：@北京大学出版社
电子邮箱	zpup@pup.cn
电　　话	邮购部 010-62752015　发行部 010-62750672　编辑部 010-62753374
印 刷 者	三河市博文印刷有限公司
经 销 者	新华书店
	889毫米×1194毫米　16开本　13.5印张　346千字 2017年4月第1版 2023年12月第2版　2023年12月第1次印刷
定　　价	78.00元

未经许可，不得以任何方式复制或抄袭本书之部分或全部内容。
版权所有，侵权必究
举报电话：010-62752024　电子邮箱：fd@pup.cn
图书如有印装质量问题，请与出版部联系，电话：010-62756370

前 言

尊敬的考生朋友们：

大家好！首先，我要衷心感谢大家对我们对外汉语人俱乐部出品的《〈国际汉语教师证书〉考试面试教程》第一版的支持和厚爱！

随着全球化的不断深入，国际中文教育逐渐受到越来越多的关注。由中外语言交流合作中心（简称"语合中心"）主办的CTCSOL《国际中文教师证书》考试自2015年正式开考以来，累计报名人数已达到数十万人。为了满足广大考生的实际需求，我们策划并出版了这本面试教程，希望能为大家学习和备考提供有力的帮助。

时光荏苒，转眼间这本书已经陪伴了超过1.6万名考生走过了他们的备考之路。近年来，我们收到了许多考生的反馈和建议，希望我们能对书中的一些内容进行更新和完善。因此，在这次再版过程中，我们对全书内容进行了较为全面地梳理和修订，力求为考生提供更为准确、实用的《国际中文教师证书》考试面试指导和帮助。

在第二版中，我们对以下几个方面进行了重点改进：

1. 更新了考试的相关信息，确保内容的时效性。例如，2020年以后，证书名称由"《国际汉语教师证书》"改为"《国际中文教师证书》"，所以本次修订时我们对相关名词做了同步调整。

2. 更新了报名流程和考试环节等方面的内容，和当前考试程序保持一致。例如，2020年后，考试形式新增了线上居家网考，所以本次修订时我们对相关信息也做了同步调整。

3. 优化了第三章说课、第四章试讲的部分内容结构和顺序，使本书更具针对性和实用性，帮助考生更好地应对面试环节的挑战。

4. 新增了多个视频和文档资料，帮助考生更加便捷地理解相关知识和考点内容。

5. 更新了附录中的两套面试仿真模拟试卷。根据近几年真题，我们重新命制了两套模拟试卷，使本书内容与实际考试更加贴近，帮助考生更好地把握考试重点。

6. 对全书的文字表述和语言风格进行了润色，使本书更加通俗易懂，便于读者阅读和理解。

"乐观者永远前行"。在此，我们要特别感谢参与本书修订工作的陈琳君老师、刘宝佳老师、安菲老师以及北京大学出版社的宋立文副主任、路冬月编辑，正是他们的辛勤付出和专业精神，使得这本书能够不断完善和进步。同时，我们也要感谢广大考生朋友们的支持和鼓励，是你们的信任和期待让我们有了继续前行的动力。对外汉语人俱乐部和汉得中文将继续努力，为广大考生提供更多优质、实用的备考资料和服务。

最后，我们衷心祝愿每一位考生在《〈国际中文教师证书〉考试面试教程》第二版的陪伴下，顺利通过考试，成为一名优秀的国际中文教师。同时，也希望广大考生能够在备考过程中不断积累经验，提高自己的专业素养和综合能力，为国际中文教育事业、为中外文明交流互鉴贡献更多力量。

再次感谢大家！

李鹤鸣

对外汉语人俱乐部主席

汉得中文创始人

liheming@jiaohanyu.com

国际中文教师证书考试咨询

目录

第一章　《国际中文教师证书》面试知多少 ... 1
- 第一节　面试十问十答 / 1
- 第二节　面试样卷展示 / 6
- 第三节　面试流程与注意事项 / 9

第二章　外语自我介绍 ... 17
- 第一节　留下良好的第一印象 / 17
- 第二节　精心准备自我介绍的内容 / 20
- 第三节　英语自我介绍模板 / 23
- 第四节　英语语音和语法的常见失误与纠正 / 27

第三章　说课 ... 33
- 第一节　说课是什么 / 33
- 第二节　怎么说教学对象 / 36
- 第三节　怎么说教学目标 / 38
- 第四节　怎么说教学内容 / 41
- 第五节　怎么说教学方法 / 44
- 第六节　怎么说教学步骤 / 51
- 第七节　完整说课范例整理 / 54
- 第八节　说课模拟演练 / 57

第四章　试讲 ... 63
- 第一节　试讲概述 / 63
- 第二节　词汇教学 / 64
- 第三节　语法教学 / 80
- 第四节　如何正确处理课文 / 113
- 第五节　课堂活动 / 120
- 第六节　板书设计 / 126

第五章　问答 ... 133
- 第一节　整体思路与技巧 / 134
- 第二节　"教学组织"类问答的一般思路 / 136
- 第三节　"课堂管理"类问答的一般思路 / 142
- 第四节　"中华文化"类问答的一般思路 / 147
- 第五节　"跨文化交际"类问答的一般思路 / 150
- 第六节　"职业道德与专业发展"类问答的一般思路 / 154

第六章　情景再现与点评 ... 165
- 第一节　科班出身我自信 / 165
- 第二节　不隔行也隔山 / 170
- 第三节　"小白"也能拿证书 / 175

附录一　常考语言点实例展示 ... 189

附录二　《国际中文教师证书》面试仿真模拟试卷 ... 197

第一章
《国际中文教师证书》面试知多少

《国际中文教师证书》考试是由教育部中外语言交流合作中心（原孔子学院总部/国家汉办）主办的一项标准化考试。考试依据《国际汉语教师标准》，通过对汉语教学基础、汉语教学方法、教学组织与课堂管理、中华文化与跨文化交际、职业道德与专业发展等五个标准能力的考查，评价应试者是否具备作为国际中文教师的能力。

《国际中文教师证书》考试分为笔试和面试两部分。其中面试是对笔试达到要求的考生进行的考官小组面试。2020年以来开放线上线下两种考试形式。面试着重考查考生综合运用各种方法设计教学方案、组织实施教学过程、完成教学任务以及用外语进行交际和辅助教学的能力，同时考查考生的沟通交际、心理素质、教姿教态等基本职业素养。

那么，究竟谁可以报名参加面试？面试到底考什么？面试有哪些具体的流程与注意事项？如何备考面试？这些问题的答案，我们会在本章为大家揭晓！

面试十问十答视频讲解

第一节　面试十问十答

第一问

Q：面试是什么？

A：这也是我们整本书需要界定的第一个问题。《国际中文教师证书》（英文名称 Certificate for Teachers of Chinese to Speakers of Other Languages，即 CTCSOL）由教育部中外语言交流合作中心颁发，是对持有者国际中文教学能力和综合素质的证明。想获得该证书，必须先通过《国际中文教师证书》笔试，再通过考官小组的面试。所以，如果你刚听说证书考试，现在可以默默地合上这本书，先去准备笔试吧……

第二问

Q：谁可以报考面试？

A：《国际中文教师证书》考试对考生的专业、职业等均不作限制，只要你掌握一门外语，并持有学信网可查到的本科毕业证，就可以报名参加笔试；但笔试达到要求（笔试成绩 ≥ 90 分）后，方可参加面试。

另外，笔试成绩有效期为两年，在有效期内通过面试，即可申领证书。

> **友情提示：**
> 1. 面试不需要提供普通话证书，但如果普通话不标准，是会影响面试成绩的；
> 2. 没有大学本科毕业证，即使通过考试，也无法申领证书哦！

第三问

Q：什么时候面试？

A：汉考国际一般都会在年底公布次年或者年初公布当年的考试安排。每年笔试考两次，一般在 4 月和 9 月；面试考两次，一般在 7 月和 12 月。

那如何获取每次考试的报考信息呢？每次考前一个半月左右，CTCSOL 官网（http://www.chineseteacher.org.cn）上都会发布考试通知。什么？你担心会错过？关注"汉得中文"（Handle Chinese）、"对外汉语人俱乐部"（tcsolclub）微信公众号就好了，因为我们会第一时间发布新一轮考试信息及考试相关资讯哦。

第四问

Q：在哪儿考？

A：截至目前，国内考点有 30 多个，海外如菲律宾、韩国、加拿大、美国、蒙古国、南非、泰国、西班牙、新加坡、印度尼西亚、英国等 30 多个国家和地区的考点数量也在不断增加。需要注意的是，海外考点甚至国内考点并不是每次考试全都开放，并且线上或线下的考试组织形式可能会根据当时的具体情况有所调整。为了确保信息准确，大家一定要以考前官方发布的信息或者报名过程中官方网站的信息为准。

第五问

Q：面试需要花钱吗？

A：《国际中文教师证书》考试包括笔试和面试两部分，笔试报名费 400 元，面试报名费 600 元。当然，这是国内考点的标准，海外或中国港澳台地区考点则以当地官方公布的具体信息为准。

> **友情提示：**
> 1. 请考生在报名截止日前完成网上缴费，否则报名无效；
> 2. 部分不支持网上支付的海外考点，考生可联系考点缴纳考试费；
> 3. 考生完成缴费后非特殊情况不可以退费、变更考点和考试日期；
> 4. 由于每个考试日的考位数量有限，请考生尽可能在报名同时完成缴费，以确定考位。

第六问

Q：怎么报名面试？

A：

1. 报名网址：http://www.chineseteacher.org.cn
2. 报名流程：

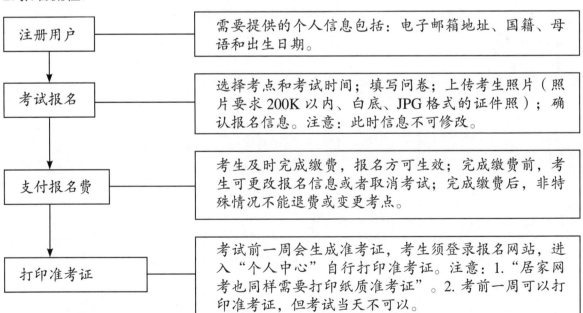

因为《国际中文教师证书》笔试和面试报名使用的是同一个报名系统，所以报名面试的时候，直接进入"考试报名"即可，无须重新注册用户。

第七问

Q：面试考什么？

A：《国际中文教师证书》面试以考官小组的形式，采用结构化面试和情景模拟相结合的方法，准备时间30分钟，考试时间25分钟，包括外语自我介绍、说课、试讲、问答等四个环节。考官根据考生面试过程中的表现，进行综合评分，满分150分。

外语自我介绍要求考生用所选外语对自己的情况作简单介绍，是外语能力考查的一部分。说课要求考生根据抽取到的材料阐述教学设计。教学设计需包含教学对象、教学目标、教学内容、教学重点及难点、教学步骤等内容。试讲要求考生根据说课内容，选取一两个教学点，模拟实际课堂展开教学，主要考查考生的教学基本功、语言知识及语言分析能力、课堂活动与组织管理能力、教学方法应用能力和教辅资源应用能力。问答分为中文问答和外语问答两部分。中文问答共两题，问题涉及教学组织与课堂管理、中华文化与跨文化交际、职业道德与专业发展等方面。外语问答共两题，问题涉及教学组织与课堂管理、中华文化与跨文化交际两方面。

看到这里你有没有一点点蒙圈儿？有没有越看越糊涂？没关系，面试到底是什么样子的？下面一张表格为你揭秘：

面试结构		考查内容	时间
第一部分 外语自我介绍		外语能力	2分钟
第二部分 说课（10分）		汉语教学基础 汉语教学方法	3分钟
第三部分 试讲（40分）			7分钟
第四部分 问答	中文问答（30分）	教学组织与课堂管理 中华文化与跨文化交际 职业道德与专业发展	7分钟
	外语问答（共50分）	教学组织与课堂管理 中华文化与跨文化交际	6分钟
整体印象（20分）	合计（150分）		25分钟

（注：括号中为每部分的大概分值，其中外语能力部分共50分）

第八问

Q：外语能力部分都可以使用哪些语种？

A：所谓外语，即外国语，顾名思义，就是指非本国人使用的语言。对于中国人来讲，使用最多的外语当属英语。所以，在《国际中文教师证书》面试中，主流的外语也是英语，基本上每个面试考点都设有英语面试。但同时，第一外语不是英语的考生，也可以选择用小语种进行面试，目前可选择的小语种主要有俄语、韩语、日语、西班牙语、法语、德语、阿拉伯语等7个。但需要特别注意的是，因为参加小语种面试的考生毕竟是少数，所以并不是每个考点每个考试日都设有小语种考试，考生需关注考试官网信息，或咨询相关考点，根据当次考试的具体情况报考。

需要注意的是，小语种面试通常并不与英语面试同步上线，它一般会在正式报名大约一周后陆续发布，所以报名小语种面试的考生一定要有耐心，如果你等得忐忑，可以跟报考的考点联系一下。

第九问

Q：我通过面试了吗？

A：面试之后最焦虑的事情莫过于等待成绩了。什么时候可以查成绩？怎么才算通过面试？你想知道的答案都在这里。

面试（指每轮面试全部考试日）结束后20个工作日，可登录CTCSOL官网（http://www.chineseteacher.org.cn）查询面试成绩。面试总分150分，其中中文部分共100分，60分以上（含60分）合格，外语部分50分，30分以上（含30分）合格。这里大家一定要注意的一点是：中文和外语成绩均达到合格线以上，才算通过面试，如果其中一部分不合格，即使总分达到90分及以上，很遗憾，也算是没通过面试，需要再接再厉！

第十问

Q：如何申请证书？

A：如果你已经通过了笔试和面试，恭喜你，距离拿到证书只有一步之遥了。这"一步"是什么呢？当然是申请证书。如何申请？扫描右侧二维码一目了然。

证书申请
操作指南

拿到证书以后，是不是就一劳永逸了呢？还没有。《国际中文教师证书》有效期5年，不过别太担心，5年之后并不需要重新考试，只要在证书有效期到期前3个月内，完成指定的继续教育内容，就可以申请换领证书啦。

关于《国际中文教师证书》，我们用问答的形式给大家做了简要概述。在本节结尾，附上《国际中文教师证书》的靓照，希望给备考的你增加一点儿信心和勇气！

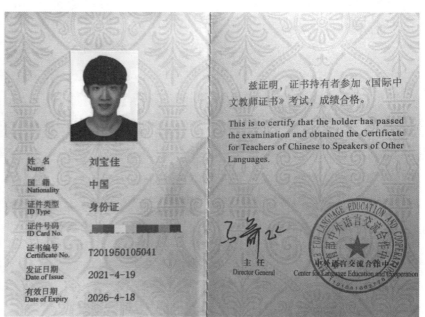

第二节　面试样卷展示

提到考试，我们首先想到的通常是试卷和试题是什么样的，考题难不难等问题。这指的是笔试。而我们参加过的传统意义上的面试，尤其是求职面试，一般是没有试卷的，由面试考官直接出题或者发问。但《国际中文教师证书》面试作为职业能力面试，考查的是应试者是否具备作为国际中文教师的能力，需要给考生一定的备考时间，在形式上还是有试卷的。

(对外汉语人俱乐部《国际中文教师证书》面试培训现场)

我们对外汉语人俱乐部从 2014 年证书试考开始就组织相关培训，至今累计培训学员超过 4000 名。根据近几年真题，我们制作了两套高仿真模拟试卷，供大家参考，详见本书附录。

这里，我们先给大家展示一下《〈国际汉语教师证书〉考试大纲》（人民教育出版社，2015 年）中的样卷。需要说明的是，真实的面试试卷和大纲中的样卷稍有不同，大家可以与本书附录中的高仿试卷做一下比较。不过，我们可以负责任地告诉你，我们编制的模拟试卷更接近真实考试。

《国际中文教师证书》

面 试

(通用版)

样 卷

注 意

一、面试分五部分:
    1. 外语自我介绍 （2分钟）
    2. 说课 （3分钟）
    3. 试讲 （7分钟）
    4. 中文问答 （7分钟）
    5. 外语问答 （6分钟）

二、全部面试时间为25分钟。

《国际中文教师证书》面试
（通用版）样卷

姓名：_____ 准考证号：_____

第三节　面试流程与注意事项

在前两节里，我们跟大家一起解决了关于《国际中文教师证书》面试的一系列常见问题，并重点讨论了"面试考什么"的问题，还给大家展示了大纲中的面试样卷。知道了内容，接下来要关注的便是形式了。面试怎么考？具体有哪些流程？在面试过程中需要注意什么？

一、《国际中文教师证书》面试考前须知

在正式参加面试前，你需要做的准备工作主要有：

1. 通过阅读《〈国际汉语教师证书〉考试大纲》等材料，了解面试形式和考查内容，并做好充足的面试准备；

2. 关注《国际中文教师证书》面试考试通知，并及时登录报名网站，完成面试报名；

3. 考试前一周登录报名网站的个人信息中心，或联系考点，提前打印/领取准考证；

4. 根据准考证的具体要求，按时参加考试（线下考试最好提前10分钟到达考场，线上考试按照考点通知的时间进入考场、调试设备），并务必携带好本人的有效身份证件（一般是身份证）和准考证，线下考试准备好2B铅笔、橡皮、签字笔，线上考试保持考试设备和监考设备电量充足！

> 考前准备

二、面试考试过程

虽然正式的面试过程只有短短的25分钟，但整个面试考试过程却包括了入场、候考、备考以及面试等多个环节，大概要持续一两个小时。一场完整的面试，我们到底需要经历哪些过程呢？一起来看看。

1. 考生入场，身份查验

考生按照准考证上规定的考试时间，携准考证和有效身份证件抵达考试地点，身份查验无误后进入候考室（线上考生打开并登录已通过官方检测的考试系统，完成身份验证、人脸识别、监考调试后进入候考室）。线下考生在进入候考室前，须关闭通信工具。

2. 阅读《考试须知》

全部考生入场后，由候考室考务人员分发《考试须知》并指导考生阅读。

> 候考室

3. 考生抽签

通常是同一时段参加考试的考生同时参加抽签。考生抽得的号码即是面试考场号和顺序号，两两一组。比如 A 考生抽到的号码是"4-1"，说明他是该时段第 4 考场的第一位考生，须立即进入备考室备考；B 考生抽到的号码是"4-2"，就代表他是该时段第 4 考场第二位考生，需要在候考室继续等候 40 分钟左右，再进入备考室备考。大家一定要注意，备考开始时尚未到达候考室或未进入考试系统的考生，视为自动弃权，不得进入考场参加考试。所以大家务必提前抵达考场，以免耽误考试。

4. 备考

<u>备考室</u>

抽到序号 1 的所有考生由引导员带领进入备考室。首先按照考务人员的指示填涂《面试评分表》（线上考生无需填涂），然后根据考务人员发放的教学材料进行备课（线上考生通过考试系统内的电子白板完成备课环节），备课时间 30 分钟。这里需要提醒各位考生的是，备考时没有任何参考资料，所以备课只能靠自己的最强大脑哦！

5. 面试

备课结束后，考生在引导员的指引下进入相应的面试考场进行面试，面试时间 25 分钟左右。

三、面试流程与注意事项

千呼万唤，终于进入最激动人心的环节了！在面试考场上你究竟要经历什么？每个环节有哪些注意事项？来吧，我们一起一层一层地揭开面试的神秘面纱。

<u>考场环境</u>

面试的考场通常是一间教室，教室的前面自然是黑板或者白板，讲台上放着至少两种颜色的粉笔或马克笔，建议线上考生自己提前准备空白的 A4 纸和马克笔。讲台对面坐着的就是本场的三位考官。通常中间一位是主考官，左右两边分别为中文考官和外语考官。三位考官各司其职，主考官负责发号施令，引导考生完成考试流程，而中文考官和外语考官则分别负责中文问答和外语问答部分的提问。在整个面试过程中，除了发号施令和提问，考官与考生之间基本无任何互动。考生进入考场，向考官简单问好之后，考试就正式开始了（线上考试改变的只是考试的组织形式，考试的要求和基本流程一致）。

1. 外语自我介绍

<u>第一印象很重要</u>

伴随着主考官一声令下："请开始你的自我介绍。"两分钟计时开始。第一印象很重要。在两分钟的时间里，考生需要用外语完成一段完整、简单却又不失个性的自我介绍。完整指的是内容，要有始有终；简

单是因为时间有限，说得太复杂往往是给自己挖坑；有个性才能让你在众多考生中脱颖而出，给考官眼前一亮的感觉。

外语自我介绍是面试的第一个环节，其重要性不言而喻。而自我介绍又是面试中唯一一个可以提前准备的环节，如何给考官留下一个美好的第一印象，我们不妨在自我介绍的内容、语音语调、眼神与手势，甚至是自己的穿着打扮上多下一些功夫。

另外，还要跟大家再次强调的是，一定要注意自我介绍的时长，说得太短肯定内容不足，说得太长则容易超时，会被主考官"无情"地叫停。超时会不会影响成绩咱们姑且不谈，因为被打断而更加紧张，影响下面的发挥几乎是肯定的。所以，上考场以前，自己多卡点儿练练吧！

2. 说课

我们在前面提到，说课说什么？说的是教学对象、教学目标、教学内容、教学重点及难点、教学步骤等。说课部分需要注意两个问题：

第一个是说课的内容。上边列举的内容都必须说到，而且要说清楚。在这几个部分里，比较容易混淆的主要是教学目标、教学内容、教学重点及难点。是不是已经被一堆专业名词搞晕了？下面我们就来用最接地气的语言来解释学术问题：所谓的教学内容，通常就是所提供语言材料的生词、语言点和课文；教学重点和难点一定是教学内容的一部分，而且一般情况下，一篇材料的语言点就是它的重点和难点；教学目标是指你通过这节课希望学生达到的要求，用"掌握……，学会……"等语言来表述。而在教学步骤的环节，提醒大家整体上的时间安排必不可少，另外，除了交代清楚上课流程之外，更重要的是阐释处理每个部分所用的教学方法。

> 说课内容要全

第二个是说课的时间。这里的说课时间，既指说课准备的时间，又指真正说课的时间。首先，备考时间一共30分钟，我们分给说课的时间最好控制在7分钟左右，最多不能超过10分钟，因为我们需要把更多的时间留给准备试讲。其次，面试中的说课，这么多的内容，如何在3分钟的时间内完成，即使对于非常有经验的汉语老师来说，也是个难题，如果你恰好没有教学经验，更别说是在面试那种高度紧张的状态下，怎么办？告诉你一个妙招：备考环节有效利用语言材料和表格，在通读材料的时候就把生词和语言点圈出来，也就是明确了教学内容，并在教学内容里锁定教学重点及难点，根据教学内容设定教学对象和教学目标，然后安排教学步骤。在确定每个部分内容的同时，迅速以关键词的形式分别填写在面试试卷提供的说课表格中，完成说课的准备。说课一定不是以上各项内容的简单罗列，需要一定的语言把它们完整地衔接起来。如果大家能在面试之前就准备好一个说课的模板，真正面试的时

> 控制说课时间

候就可以直接替换掉关键内容，快速形成一篇完整的说课稿，对于有效控制时间是极有帮助的。

3. 试讲

人生如戏，全靠演技

"人生如戏，全靠演技。"这句话在我们这本书里的出场率注定是很高的，而在试讲环节，这句话无疑更是核心和灵魂所在。

我们先来看试讲的要求：

> 请根据上述教学设计，选择恰当的教学内容，模拟教学场景，进行教学演示。要求：包括导入、讲解、操练、活动、板书。

两个"演"

我们都知道，说课说的是对整篇语言材料的处理。而试讲呢？则是要求大家从说课内容中抽取 7 分钟，但请注意，这里就不是"说"了，而是要真正地"讲"，就像我们真正站在讲台上，面对我们自己的学生一样。但是我们都知道，在面试的考场上哪来的教学场景？哪来的外国学生？这是我们需要"演"的第一个理由。当然，这里的"演"，指的是"模拟和演示"。有些考生可能非要较真儿了：没有学生，那不是还有考官吗？请他们配合一下不好吗？Sorry，他们还真做不到，因为考试有明确规定，试讲过程中考官不得与考生有任何互动。生无可恋了吧？硬着头皮演呗！这里的"演"，可就有点儿考验"演技"的意思了，而且还是"自导自演"哟！既然不得不演，OK，我们需要做好三个准备：

演真实教学场景

第一，演什么？演的是真实的教学场景。比如你选取的试讲内容是一个语法点，那就是真实演绎：你是如何将这个语法点教给你的学生的？从导入开始，然后用什么方法去讲解，接着至少采用两种方式进行操练，再设计一个针对这个语法点的课堂活动，同时，还要在教学演示的过程中，在黑板或者 A4 纸上展示你的板书设计。这样一个完整的教学过程，才叫作试讲。

"像"老师一样跟"学生"互动

第二，怎么演？既然是真实的教学场景，那有两方面的要求就是必不可少的了。一方面是对老师本身的要求，你站上讲台，必须"像"一个老师。这里的"像"，首先指你的教姿教态，因为这是直接看在考官眼里的。其次是你的语言，教学用语是否足够简练，难度和语速是不是适合该水平的学生等等，都是判断你的专业性的重要标准。另一方面是对师生的共同要求，就是一定要有互动，尤其是第二语言教学，我们的根本目的是培养学生用汉语进行交际的能力，所以精讲多练是必须坚持的教学原则。那没有学生，如何互动？演技来凑！我们可以"装作有学生"。怎么实现呢？可以通过对学生的肯定或重复来完成。举个例子：我们在讲解"把"字句的时候，老师做了一个放书的动作，问玛丽："老师做什么了？"稍作停顿并装作正在认真听玛丽回答的样子，然后给予肯定："非常好，老师把书放在桌子上了。好，大家一起来说一遍，老师把书放在桌子上了。"这就完美地展示了师生互动的过程。而且在这里一定要跟大家强调,在国际中文教学中,请学生回答问题的时候,一定要"独唱"与"齐唱"相结合。所谓"独唱",就是请单独一位同学回答问题;所谓"齐唱",就是要求班里的学生一起把刚才那个同学回答的正确答案重复一遍,这是提高学生开口率的一个非常有效的手段。

第三,必须练!毕竟我们要参加的是面试,考官最终要看的是各位考生的临场表现,所以只是搞清楚以上两个问题是远远不够的,我们必须自己真正做到才行!如何做到?一个字:练!就是说在参加面试之前,试讲部分必须做多次模拟练习,因为练得越多,面试的时候就越自信越自然。如果有专业人士能给大家作具体指导,那自然是极好的;如果没有,退而求其次,我们可以讲给自己的同学或者朋友听,他们没当过老师但肯定当过学生,也能给我们一些建议;如果你羞于讲给别人听,那就对着镜子讲给自己听吧,这也是有效果的。

练!练!练!

4. 中文问答

结束了试讲之后,就正式进入到了问答环节。首先是 7 分钟的中文问答,考查教学组织与课堂管理、中华文化与跨文化交际、职业道德与专业发展等方面的内容。通常是两个问题,均以案例的形式呈现。其中第一个问题是已经出现在面试试卷中的,第二个问题由中文考官口述提问。

那我们就先来说说第一个问题。既然已经出现在面试试卷中,就需要大家在备考的时候提前准备,因为中文考官在中文问答的环节中将不再重复该问题,而是要求考生直接回答。关于第一个问题的备考,我们强烈建议大家放在备考的前三分钟内完成,也就是说先备问答,再备说课和试讲。我们大概用一分钟时间读案例,两分钟分析答题思路并写下关键词即可,因为相对来说,前易后难。一方面,我们需要把更多的时间和精力放在应对难题上;另一方面,如果把问答放在最后,万一没有时间准备,需要在考场上再读问题并临时组织答案,容易慌乱,对整个问答环节是极为不利的。

然后我们来谈谈答题思路。我们说,不管是中文问答还是外语问答,虽然考查的内容略有不同,但其呈现形式与答题思路却是相通的。首先,均以"案例+问题"的形式出现,给你一个具体的案例或情境,让你来分析案例中老师的做法或者给案例中的老师提供解决问题的方案。这就要求我们在分析问题时一定要从案例出发,结合具体的情境进行评价或者提出建议。其次,思路是关键。在这里,我们要告诉大家的是,其实很多问题并没有所谓的标准答案,分析思路正确,言之成理即可。那如何言之成理?三步走。第一步,阅读案例,发现问题。这里的"问题",是指题目中问大家的问题,也就是要明确,我们需要回答什

解题三部曲

么，确定一个方向。第二步，根据案例，分析问题。这里的"问题"，跟前者意义不同，指的是案例中存在的问题。我们只有先找出案例中的异常情况或者问题，才能正确地分析出现异常情况或问题的原因，进而才能做出正确的判断或分析。第三步，结合原因，解决问题。评价一个人的做法是对还是错，需要理由；证明某方案合理，也需要支撑。所以只有结合原因，我们才能做出正确的判断或者提出相对合理的解决方案，同时也就锁定了回答的具体内容。

关于解决问题的具体方案，我们说，考查的内容不同，分析和解决问题的思路也是不同的。关于问题的分类，我们会在第五章中具体展开，希望大家认真阅读。在面试的时候，需要先对问题进行定位和归类，然后确定正确的解题思路。

5. 外语问答

即问即答

外语问答共 6 分钟，主要考查教学组织与课堂管理、中华文化与跨文化交际两方面的内容。同样是两个问题，由外语考官直接口述提问。因为时间有限，我们没有更多思考的时间，所以在考官提问时，大脑就要高速运转，听清楚问题的同时迅速组织答案，其难度系数是可以预见的。

同时，我们都知道《国际中文教师证书》面试分为中文和外语两部分，满分 150 分。中文部分 100 分，60 分合格，外语部分 50 分，30 分合格，中文部分和外语部分都合格才能拿到证书，而外语问答又是整个外语面试的核心，其重要性可见一斑。

要能力，更要思路

这可愁坏了外语不太好的小伙伴们！外语到底达到什么水平才能通过面试呢？我们以英语为例，首先你必须具备英语的基本能力，能听得懂考官的提问，并能表达出自己想说的内容。再具体一点儿，比如至少要达到大学英语四级，口语相对流利。其次，相对于基本能力而言，更重要的是要具备分析问题和解决问题的能力。这是我们亲身实践证明过的。有的考生英语专业背景，却"出人意料"地没有通过外语考试，有的考生英语总觉得差强人意，但却顺利拿到了证书，到底如何才能做到？思路取胜！思路在哪儿？本书第五章见分晓。另外，再给大家推荐一本好书：任磊老师的《国际汉语教师证书面试常见英文问答》（世界图书出版公司北京公司，2016 年），45 个经典案例，中英文双语写作，既分析了思路，又给出了参考答案。

看到这里，大家该有疑问了："本章我们解决了面试常见的十个问题，了解了面试的样卷、面试的流程以及注意事项，但是自我介绍说什么？说课如何组织语言？试讲到底讲什么？具体怎么导入、讲解、操练、设计活动、写板书？中文和外语问答究竟会问到我哪些问题以及遇到这些问题我该如何解答？好像也没有一个具体说明，所以我依然不知道该如何准备面试，怎么办？"

  So easy，接下来，史上最强大的对外汉语人俱乐部《国际中文教师证书》考试培训团队将为你逐一解答上述问题。真正的干货即将来袭，你准备好了吗？

第二章
外语自我介绍

两分钟的外语自我介绍是《国际中文教师证书》面试的开场戏，其重要程度不言而喻。什么样的自我介绍才算成功？自我介绍首先肯定是"说"。我们既要"说对"，更要"说好"，但是，它又不仅仅靠口头表达，因为肢体语言和神态也十分重要。

本章主要从"留下良好的第一印象"和"精心准备自我介绍"两个角度为大家提出了建议，同时也提供了一些英语自我介绍中常见的表达，供大家参考。此外，针对中国人在英语表达时常见的语音和语法失误，我们也选取了若干点，并加以说明。

希望本章的讲解能助大家在面试中开一个好头。

第一节 留下良好的第一印象

外语自我介绍是《国际中文教师证书》面试的第一关，其意义绝不仅仅在于自报家门，更重要的是尽可能给面试老师留下良好的第一印象，让他们愿意打出一个比较高的"起评分"。说得现实一点儿，"从高分往下扣"比"从低分往上加"对我们来说更有利。我们这里所说的"第一印象"包括整体风貌和外语面貌。

一、展示良好的整体风貌

简言之，我们在整个面试过程中，从步入考场的那一刻到离开考场，自始至终都要展现出"老师范儿"。笔者曾经听一位老师说过，他们在面试招聘新老师时，从应聘者进场到站上讲台的那不到一分钟的时间，最多十步的走动，就基本上决定了80%。我们不确定这个数字有没有夸张成分，但"老师范儿"的重要性和必要性不言而喻。

展现"老师范儿"

"老师范儿"既包括外在的穿戴，也包括内在的气质，但"主要看气质"。

着装要得体

1. 着装得体，显出对面试的重视，且是有备而来

我们的穿着打扮一定要得体，英文有个习语叫"look the part"，就是这个意思。具体地说，就是我们的穿戴要符合自己"老师"和"面试者"的身份，既不要太过随便，比如穿着休闲装、牛仔裤、运动鞋，好像是去打酱油的，也不要太过惊艳，浓妆艳抹，珠光宝气，似乎要去参加晚宴而不是教学活动。一般来说，男老师着正装，即便不打领带，也会显得精神头儿十足；女老师的服装选择范围会大一些，但同样要显出干练、知性的气质。需要提醒的是，女老师的裙子不宜过短，鞋跟不宜过高，首饰不宜过炫，也不要浓妆，素颜淡妆才两相宜。

2. 仪态端庄，显出自信心和亲和力

"老师范儿"同样体现在自信心和亲和力上。在学科知识方面，老师是相对权威的一方，在课堂管理方面，老师是组织者、管理者，这些都要求老师要有足够的自信心，让对方感觉踏实和放心；而在教学过程中，老师是引导者、帮助者，也要有必要的亲和力，让对方感觉舒适和愿意接近。总之，无论是证书面试，还是实际教学，我们都应该让人觉得自己是值得信赖的老师。

良好的教姿教态

我们常说老师要有"教姿教态"。步入考场的姿态及面试中的站姿、眼神、手势等，都值得我们好好注意。

（1）步伐与站姿

尽管我们没有必要像有些舞台剧演员那样，连步长、步数都精心安排，但是也要注意检查自己有没有"坏习惯"。比如弯腰驼背会使我们的形象大打折扣，而挺胸抬头则会显得整个人都非常精神、自信。一句话，自然最好。

在面试考官发言时，我们可以自然地微微倾身，或者略往前迈一小步，以示正在认真聆听。当然，如果自己实在没有这样的习惯，也千万不要勉强，以免弄巧成拙。

在自我介绍和中外文问答环节，我们手上可能不会拿着材料，所以"手往哪里放"也是一个说大不大、说小不小的问题。比较常见的做法是，双手自然下垂或双手指尖相对，轻轻放在小腹前。很多人在站立时，不自觉地将手插入裤袋，这个姿势在某些场合很潇洒，但在考场上，会显得不够庄重。"着最闪的衫，扮十分感慨，有人来拍照，要记住插袋"在面试时并不适用！

（2）眼神与笑容

我们与考官保持眼神交流，不仅能体现出礼貌、尊重，还能展现出自信。因为证书考试是考核性的，而不是选拔性的，所以只要达到既定标准，就能通过，而不存在刻意挑选一批、淘汰一批，有所谓"水涨船高"的问题。因此，我们没必要有那么大的心理负担，不要跟别人比，只需要做好自己。我们要敢于、善于看着考官的眼睛，同时面带微笑。对于考官提出的问题，我们不管觉得是简单还是困难，不管马上就能侃侃而谈还是一时语塞，都要尽量用微笑去面对。爱笑的人运气都不会差。

（3）手势

高效的交流不仅依赖于言语，手势也起到重要的补充作用，可以帮助听者更好地理解。所以，手势应该传递和言语相关的含义，这就要求老师应该有意识地监控自己的手势，不要像平时闲聊那样使用一些无意识或与话题无关的小动作。我们建议，在使用手势时，至少要做到两点：第一，少而精，尽量通过语言准确传递意思，必要时再用手势辅助；第二，动作简洁，不拖泥带水。

建议大家在准备自我介绍时彩排一段，假设面前有三位面试官，并录下来、回放，看看自己步伐是否稳健，站姿是否端庄，以及眼神交流和笑容是不是刚刚好。

> 用录像帮助自己调控

另外，有些手势和动作与实际要表达的意义没有太大关系，我们在准备中和面试时，要有意识地加以控制。

二、展示良好的外语面貌

证书面试的外语部分，通过"自我介绍"和两个"外语问答"来考查考生的外语水平，我们当然要好好利用这累计 8 分钟左右的时间，尽可能把自己的外语面貌展现到极致。但是话说回来，证书面试的外语部分毕竟又不同于专业的外语考试。不是所有的考生都精通一门外语，不是所有的人都能在短时间内让自己的外语水平上一个台阶，所以定一个高标准不见得现实，但至少要达到下面几个标准。

1. 表达要流利、自信

作为语言教师，我们都知道，判断一个人的语言能力如何，关键不是看他的词汇量有多大，而是看他"成段表达"的能力怎么样。具体到证书面试的外语部分，"自我介绍"并不需要即席回答，我们可以事先准备，按自己的方式去演绎，所以最有可能做到流利表达，至少是可以非常流利地表达部分内容，道出自己的故事。这就要求我们首先要非常熟悉自我介绍的内容，同时，语言的表达要符合自己的习惯，适合自己

> "良好"的标准之整体表达

的水平，否则，准备一段自己不容易驾驭的文稿，有些段落难免死记硬背，那么在面试时，可能就会显得做作。

2. 发音要清晰且比较标准

> "良好"的标准之吐字发音

发音尽可能地清晰、标准，但终极目标不是为了秀自己的外语水平有多高，而是为了方便听者理解自己的意思，所以"可辨识、能理解"就是对发音最起码的要求，尤其是遇到关键词，一定要让对方听明白。对于一些比较难发的音，宁可慢一点儿，也要说清楚；如果说错了且可能影响对方的理解，可以自我纠正，千万不要为了追求表面上的"流利"，而把一些词句嘟囔过去，那样只会适得其反。

同样值得引起重视的还有语调和逻辑重音。从听觉效果来说，如果语调没有起伏，就可能会有催眠效果，而且也不符合很多语言的说话方式。从意义理解方面来说，语调的起伏和关键词的强调，有助于听者更好地理解我们的意思。语调的习得是几乎所有外语学习者的难点，我们在练习外语发音的时候，一定要多听、多模仿母语者的语调。

3. 用词要恰当且无重大语病

> "良好"的标准之遣词造句

建议在自我介绍时，采用口语化的风格。在用词方面，不仅要力求意思准确，也要尽量多用"小词"，最好不拽文。在语句方面，意思的表达要简洁，句子结构不要过于复杂。

另外，自我介绍会有相当一部分内容涉及过去的经历，也有可能涉及将来的打算，因此要注意时态的正确使用。

至于中国人说英语时常见的发音和语法问题，本章第四节会略作展开。

通过展示良好的整体风貌与外语面貌，我们可以给面试考官留下极佳的第一印象，如果能进一步把精心准备的自我介绍都正常发挥出来，面试"高开高走"也就在情理之中了。

第二节　精心准备自我介绍的内容

从小到大，各种场合，汉语外语，我们做过的自我介绍不计其数。证书面试所设置的外语自我介绍，兼具信息性和考查性，这就要求我们在准备自我介绍的内容时，既要能够传达出有意义的个人信息，又要能够展示自己足够的外语能力和高超的业务水准。

面试中的自我介绍环节为两分钟，如果考生到时间还没有介绍完，考官会"无情地"打断。那么问题来了，这两分钟，我们能说多少内容？该说什么内容？万一忘词了怎么办？我们有如下一些建议。

一、说多少？

两分钟的自我介绍，我们其实不能就卡着两分钟的长度来准备，因为考前准备的内容，往往是在自己创设的理想环境中所草拟的，而在面试中，我们难免会紧张，有的人可能会语速变快，有的人可能为了避免出错，反而说得较慢，还有的人甚至可能会忘词。所以，我们在准备自我介绍内容时，不妨按"一分半加一"的标准来计划篇幅。

"一分半"是按自己正常语速准备一段大约1分30秒的内容，"加一"是额外再准备1分钟的内容。这样，无论是语速过快还是过慢，还是忘了一部分内容，都能及时地调整，从容地说满两分钟。

<small>"一分半加一"</small>

二、说什么？

首先，这是"自我介绍"，它必然会有"介绍自己的个人信息"这一共性，但这又是《国际中文教师证书》面试中的"自我介绍"，有其个性，所以，我们所提供的信息最好能围绕教育、教学、文化、交流去展开。具有符合共性与个性的内容，再加上开场白和结束语，就组成了自我介绍的四大部分。

1. 开场白

开场白要简洁、有礼貌，最常见的就是"问候"。问候要真诚、亲切，可以从称呼开始。我们必须要看着三位考官，礼貌地称呼他们。以英语为例，统一称呼"Dear Examiners"或者一一称呼"Miss、Sir"都可以，然后问候"Good morning/Good afternoon"或者采用"Hope you are having a good day"这样的祝愿。因为面试"自我介绍"环节不是问答式，所以不建议用类似"How are you？"这种需要双方互动的问候。

<small>问候致谢
直接真诚</small>

如果时间允许，我们也可以用一句话来感谢考官为我们提供了这个表达自我的机会。但无论是问候还是感谢，都不要冗长，因为重点其实是与教育、教学、文化、交流等相关的内容，我们要把更多的时间留给这个部分。虽说"礼多人不怪"，但太多也容易让自己被动。

2. 个人基本信息

"自报家门"环节处理起来同样也要短平快，内容包括自己的姓名、毕业院校、工作单位和职业等。生活中，有的人习惯在介绍自己的名字

<small>自报家门
简洁明了</small>

时，顺便介绍自己名字的来历，或者从名字引出一段文章，又或者介绍自己的外文名，但是在证书面试中，我们并不建议这么做，除非名字背后有一个可以一句话说清楚的不寻常的故事，要不然，这对于考官和整个面试而言，都属于无效信息。

3. 与教育和工作相关的个人信息

<small>工作内容
深入展开</small>

从面试考官的角度出发，这一部分才是他们最感兴趣的内容。而且，这部分内容既可以横向展开，多谈和教育与工作相关的几个方面，也可以纵向展开，深谈某一个方面，完全可以让考官跟着我们的介绍走，给他们留下深刻的印象。具体来说，可以从下面一些维度展开介绍。

（1）我工作或者学习的情况（What is my work/study like?）；

（2）我从工作或者学习中学到了什么（What have I learnt from my work/study?）；

（3）我从事国际中文教学的缘由（Why am I interested in teaching Chinese to speakers of other languages〈TCSOL〉?）；

（4）我对教育、教学或者国际中文教学的理解（What is my understanding of education, teaching and learning or TCSOL?）；

（5）我的爱好与特长，以及如何用于国际中文教学（What are my hobbies and strengths, and how can I make good use of them to benefit TCSOL?）；

（6）我的性格，以及如何扬长避短（What are my personalities and how can I play up my strengths and avoid my weaknesses?）。

无论涉及哪些方面，我们都最好避免事实的罗列或者苍白的评价，而要给出一两个例证或者理由来支持自己的观点。此外，与重"意合"的汉语所不同的是，包括英语在内的不少语言更重"形合"。简言之，就是句子之间的内容逻辑在一定程度上体现在句法结构中，所以，我们还可以多用一些关联词把句子更有逻辑地串起来，让表达顺畅、自然。

4. 结束语

<small>结束部分
礼貌自信</small>

在分享完自己的各种信息后，还应该简洁地告诉三位考官，以上就是自己的介绍，并感谢他们倾听，同时还可以表明自己已经准备好了进行后面的面试环节，进而自信、礼貌而又自然地把发言权交还给考官。

第三节　英语自我介绍模板

A Brief
Self-introduction

以下是用英语作自我介绍时一些常用的句式，可作为模板，供大家参考。按照"先做加法，再做减法"的思路，下面的内容其实多于两分钟可以表达的量，这样做是考虑到了不同的需求，所以很可能需要考生根据自己的习惯和实际情况做出删减或修改。

Part 1: Opening — greetings

开场白模板

Dear Miss/Sir/Examiners, good morning/afternoon. Hope you are having a good/nice/brilliant/fantastic day. I'm so thrilled to stand here, and thank you very much for this opportunity. First of all, I would like to briefly introduce myself.

Part 2: The basic information about me — name, educational background and work

个人基本信息模板

My name is … and I was born and raised in …

I graduated from [University A] as a major of… in 20**. Then I went to [University B] for my postgraduate studies in 20**. Three years after that, I started a job as a/an… in [city/my work place] and I've been working in that field for… years.

Part 3: The information related to education and/or TCSOL

与教育、工作相关信息的模板

(1) What is my work/study like?

My work/study is mainly about… It's not easy, but I actually quite enjoy it, because...

(2) What have I learned from my work/study?

I've learned quite a lot of things from my study/work, one of which is... For example, ...

(3) Why am I interested in teaching Chinese to speakers of other languages (TCSOL)?

I've long believed that it's particularly interesting/important/… to offer the opportunity of learning Chinese and Chinese culture to more people in the world, because…

And that's why I chose this job... years ago, and I'm longing for making greater progress with my job.

Therefore, I started to learn and practice almost everything about Chinese teaching and now I'm looking forward to being a teacher of Chinese to speakers of other languages.

(4) What is my understanding of education, teaching and learning as well as TCSOL?

I've been working as a teacher for... years.

I've been teaching Chinese for... years.

In my understanding/From my experience, I think one of the most important aspects of education/teaching Chinese to speakers of other languages is..., because ...

(5) What are my hobbies and strengths, and how can make good use of them to benefit TCSOL?

I think I'm quite good at...

I happen to be good at...

I learnt [a skill] from... when I..., because...

I taught myself [a skill] when I..., because...

I think I can make good use of it to benefit teaching Chinese. For example, ...

I believe that [the skill/hobby] can be a very good opportunity to communicate with others, such as my colleagues and students. Apparently, it's very possible for me to share with them this skill/hobby of mine and teach them if they are also interested.

(6) What are my personalities and how can I play up my strengths and avoid my weaknesses?

I do believe that I'm an honest/an easy-going/a determined/a hard-working/a strict... person. For example, ...

Maybe my family/friends/colleagues/students find me a little bit... and of course they have a reason. Yes, sometimes I do... (giving one or two examples here), but I'm afraid they haven't seen the whole picture. Actually I think I am...

I'm not going to deny that, because I think sometimes I am like that. For instance, …

As a teacher, I do know that being strict/determined… can be vital/fatal, so I should keep it/get rid of it in order to help my work more.

Part 4: Closing — giving thanks

结束语模板

I think that's what I have for my self-introduction.

I'm afraid I have to stop here.

Hopefully I have made myself clear to you.

Thank you for your listening/patience, and I think I'm ready for the next stage.

回答样例一

Dear examiners, good morning. Hope you are all having a fantastic day. I'd like to briefly introduce myself.

My name is Gao Youcai and I'm studying in ABC University as a major of Teaching Chinese to Speakers of Other Languages. This is my third year in the university and I'm so fascinated by Chinese teaching and learning that I've already made up my mind to continue it as my career.

Apart from studying the basic knowledge and theories about the Chinese language and education as well as discussing with my teachers and fellow students, I think I was lucky enough to get an opportunity to help some of the international students in my university with their Chinese. I've been doing that for over a year, which in return is benefiting me, because, as you may image, I've learnt some theories from my study, and now I can apply many of them for the practice.

One of the most important things I've learnt from my study and part-time job is that when we teach, we don't just teach a whole class but a group of individuals. My teaching must meet the students' needs and help each individual of them, because every student is unique

I happen to be good at music, especially singing and playing guitar. I think I can make good use of them to benefit my teaching, because I believe music is one of the brilliant ways of teaching and learning a language, and the young learners especially love it.

Doubtless to say, teaching and learning Chinese is getting more and more important, and that makes me feel more obliged to become an inspiring teacher of the Chinese language, helping students develop their linguistic and communicative skills. Learning a language is for better communication, so what I'm doing and will be doing as a teacher of the Chinese language is by no means tiny.

I'm afraid I've got to stop here. Thank you all for listening and I think I'm ready for the next stage in the programme.

回答样例二

Good afternoon, dear Miss, Sir and Miss. I'm very thrilled to stand here and thank you for giving me this opportunity to introduce myself.

My name is Liu Lingli. I graduated from ABC University as an English major in 2007 and started a job as a teaching assistant in the same university. Because of my work, I met many people from other countries, including my foreign colleagues, international students, visiting scholars from abroad, et cetera, many of whom were interested in learning Chinese and Chinese culture, since they were in China. That made me think and opened a new door for me — I realised that the English language was vital for the economic and cultural exchanges, so was the Chinese language! Therefore, I started to pay more attention to my mother tongue and to help people from other countries with their Chinese when I got the chance. I knew that was never enough, so I applied for post-graduation in 2009 as a major of Teaching Chinese as a Second Language. Three years later, shortly after I graduated, I officially started my new job as a teacher of Chinese to speakers of other languages in Shanghai.

The more I learn and work, the more I believe that I've made a right decision to work in the realm of Chinese teaching and learning. As China is playing a more and more significant role in international affairs, the Chinese language is getting more influential in international politics, economy, cultural exchanges, et cetera. Especially today, when China's development strategy of "One Belt, One Road" is being unfolded, more and more people, including lots of young students from the relevant regions, will be involved in the course of mutual development.

As a teacher, I'm a very strict person. Actually, this comment was made by many of my students. I do believe that being strict is pretty much necessary, though I know sometimes I need to be flexible, especially when there are students coming from different cultural backgrounds. However, my ultimate goal will never be abandoned, which is to help my students with their Chinese language, better understanding of China and Chinese culture, as well as better communication with Chinese people.

I think that's what I have for my self-introduction today. Hopefully I've made myself clear to you. Thank you again for this opportunity and your patience. I'm ready for the next.

第四节　英语语音和语法的常见失误与纠正

本章第一节提到了展示良好的外语面貌。对面试考官而言，最直观的感受可能就是语音和语法。因此，我们在本节略微"点选"出中国人在英语表达时常出现的语音和语法失误，并提出简单的建议，供大家参考。

一、常见的语音失误

1. 长元音和短元音

就像有些外国学生对汉语的送气音和不送气音并不敏感，也时常无法分辨、无法正确发音一样，英语一些有长短之分的元音可能对部分中国学习者来说也是一个痛点，常常出现混用的情况。该长的时候短，或者该短的时候长，意思有可能就变了。

注意区别一些元音的长短

（1）[i:] vs. [ɪ]

【例词】

[i:]　beat　peat　sheep

[ɪ]　bit　pit　ship

【说明】

发长音 [i:] 的时候，双唇更扁平，嘴"咧得更开"。发短音 [ɪ] 的时候，舌位比 [i:] 要低。我们练习这一对发音时，除了控制开口度和舌位，还可以有意识地把 [i:] 发得更长，而让 [ɪ] 更短促。

（2） [a:] vs. [ʌ]

【例词】

[a:]　dark　carp　cart　heart

[ʌ]　duck　cup　cut　hut

【说明】

发长音 [a:] 的时候，嘴要张大张圆，舌位也较低。发短音 [ʌ] 开口度相对 [a:] 要小得多，甚至只有 1/3 不到，舌面稍微抬起，并向后缩。

（3） [ɔ:] vs. [ɒ]

【例词】

[ɔ:]　short　port　sport

[ɒ]　shot　pot　spot

【说明】

我们先从 [ɒ] 说起。发这个音时，舌头后缩，唇形接近圆形，但不需要"大张口"，只需略微往前"噘嘴"，同时不要忘了 [ɒ] 是个短音。而发长音 [ɔ:] 时，唇形略扁，开口度大约是 [ɒ] 的一半，且舌位更高一些。

我们在练习长短音时，有一个实用的方法：故意夸张一点儿，把长音拖得更长，让短音更短促。基本养成习惯后，在正常表达时，不需要那么夸张，大致就会到标准的音长。

在具体表达时，如果我们理论上知道某个词元音的长短，但是又有顾虑怕发不好，也可以换一种说法，暂时回避拿不准的地方。比如教学场景中，sheet（纸张）一词使用频率较高，但是一旦误把 [i:] 发成短音，恐怕就不仅仅是弄错意思那么简单了。这种情况下，如果我们有顾虑，完全可以换成 a piece of paper 的说法。

2. 辅音 [dʒ]、[tʃ] 与 [ʃ]

> 发好 [dʒ]、[tʃ]、[ʃ]，舌位和唇形是关键

这里主要简单说说发这三个音时的舌位和唇形。不少人错误地用汉语拼音的 zh、ch、sh 或者 j、q、x 去代替英语的 [dʒ]、[tʃ]、[ʃ] 这三个音。发汉语 j、q、x 这三个音时，舌尖顶在齿背，双唇扁平，而发

zh、ch、sh 这三个音时，舌尖翘起，后部基本顶到上颚。直观地说，发英语 [dʒ]、[tʃ]、[ʃ] 这三个音时，舌位介于 j、q、x 和 zh、ch、sh 这两组音之间，而唇形也较圆，有一种往前噘嘴的感觉。

3. 辅音 [r]

英语的 [r] 和汉语拼音的 r 都需要翘舌，二者最大区别在于唇形。发汉语拼音 r，双唇扁平，而发英语 [r] 时，要圆唇，而且也要有噘嘴的感觉。如果我们发英语 [r] 这个音时不注意"噘嘴"，其实也不会引起太大的交际障碍，但是听上去始终觉得不地道。

> 英语的 [r] 要噘嘴

这个道理反过来也能解释，为什么一些母语为英语的学生发汉语拼音 r 这个音的时候，听起来有些"怪怪的"。原因很可能就是他们是"噘着嘴"在发音，而不是让双唇保持扁平状。

4. 单词重音

英语单词一旦有两个或两个以上音节的时候，必然有音节的轻重之分。重音落在哪个音节上，有一些规律，但因为规则比较复杂，下面就尽量简洁地作一归纳。需要强调的是，英语重音"例外"的情况也不少，所以需要我们单独记忆，多多练习，最后实现"自动化"。

> 重音的一般规律

（1）双音节词

重音一般落在第一个音节上，如：'teacher、'student。如果第一个音节是前缀，重音往往就会落在第二个音节上，如：a'bout、mis'take。

（2）多音节词

重音一般落在倒数第三个音节上，如：'beautiful、e'conomy。

二、常见的语法失误

1. 冠词的使用偏误

汉语中没有"冠词"的概念，所以英语冠词对不少中国学习者而言，算是一个难点，常常会觉得迷茫。冠词使用失误一般有两种情况。

（1）定冠词和不定冠词混用

英语冠词有定冠词、不定冠词之分。定冠词是 the，不定冠词是 a 或者 an，取决于后面的词是以辅音还是以元音开头。简单地说，定冠词表示"特定"的东西或人，说出来大家都知道指的是哪个，而不定冠词表示一个"不特指"或者"一般概念"的东西或人。试比较：

> the 后的人或物，说出来大家都知道是哪个

(A) I need an assistant.

(B) I need the assistant.

(A) 句的 an assistant（助手）是个一般概念，并不特指是张三还是李四，而 (B) 句 the assistant 同样是说的一个助手，但是，"我"和听话人都知道这个助手是谁。

（2）没有使用冠词

> 单数可数名词一般不会"落单"

受母语汉语的影响，很多中国学习者会出现不使用冠词的情况。尽管英语中的确有不用冠词的时候（语法学上可能会用"零冠词"这个说法），但毕竟是少数。一个基本管用的检查办法，就是看我们的表达中，单数可数名词是不是"孤家寡人"。换句话说，它前面既没有冠词，又没有其他限定成分，则十有八九是个病句，比如：

* She is teacher.

单数名词 teacher 前需要有冠词（the 或者 a，取决于上下文）或者其他限定成分，比如 my teacher、his teacher 等。

当然，如果我们确定某个地方需要"零冠词"，则另当别论。

2. 误用现在时讲述已发生的事情

> 过去的事情，就让它"过去"吧

英语的过去时是通过动词词尾变化来体现的，而汉语则是通过添加助词或者状语来实现，没有英语那样的词尾变化。加之我们在操练句型时多用一般现在时，这些都造成中国学习者在英语表达时，常常出现"用现在时讲述已发生的事情"这一偏误。

具体到证书面试"自我介绍"环节，诸如学习、工作经历这类信息，都要求使用过去时，所以我们在准备英文"台词"的时候，需要格外注意。

同样值得一提的是，英语的不规则变化动词，它们的过去式并不是简单地由"动词原形+ed"构成的。

3. 使用动词短语时，遗漏介词

> 介词宾语提前了，介词仍要坚守岗位

英语中有时候会出现"动词（+ 名词）+ 介词 + 介词宾语"的结构，比如"pay attention to the cause"（注意那个起因）、"emphasise on the result"（强调结果）。如果是正常语序，出错的可能性不大，但如果是在定语从句中，"动词（+ 名词）+ 介词"的结构需要放在介词宾语后，这时，中国学习者可能会出现遗漏介词的偏误。正确的做法是，介词仍旧要"挂在后面"，作为整体不可分割的一部分，比如："the cause we should pay attention to""the result we need to emphasise on"。

类似的还有：

help with something ⟶ something I can help with

catch up on something ⟶ something we have to catch up on

  出于实用性和篇幅的要求,我们只能点到为止。语言技能的提高其实是慢功夫、苦差事,不仅离不开每天的练习,更需要我们善于从错误中学习。发现自己和他人在外语表达中的语病,找到原因和改正方法,其实也是我们作为国际中文教师应有的一个"本事"。

第三章 说 课

说课思维导图

在《国际中文教师证书》考试面试过程中,有三分钟的说课环节。说课是什么?说课怎么说?说课说什么?在正式考试之前我们应该怎么准备?这些就是本章要解决的问题。

第一节 说课是什么

很多同学一定想知道:说课到底是什么?说课应该说什么?大家最想知道的,也是我们最想告诉大家的。

一、什么是说课

先来谈谈说课是什么。简单地说,说课就是把你的教学思路说给同行和专家听。你需要说明你要教什么、怎么教,还有你为什么要这么教。

一般意义上的说课,是要较为全面地展示出你备课的思维过程,展示你对教学大纲和教材的理解,展示你对学生能力、水平的把握,以及运用相关教育理论和教学原则组织教学活动的能力。大家如果想从事国际中文教育工作,进入相对正规的汉语学校或培训机构,说课应该是面试当中必不可少的环节。在我们平时的教学研讨活动中,说课也是十分常见的交流方式。说课说得怎么样,会直接影响你在领导和同事心目中的专业形象。可以说,说课是当老师的一门看家本事。所以我们学习说课,不仅是为了应对这次面试,更重要的是为将来的职业生涯积累资本。有些老师入行多年,虽然非常努力,却很难成为专家型教师。其中一个重要原因,就是没有经过说课的训练,没有建立自己的教育理念和教学

> 说课就是把教学思路说给同行和专家听
>
> 说课是要全面展示出备课的思维过程

系统，那么不管怎么努力，也只能停留在操作层面，而进入不了理论的高度。

二、说课说什么

已经知道了说课是什么，接下来我们进入内容层面，也就是说课要说什么。

国际中文教学说课一般由5个部分构成：说教学对象、说教学目标、说教学内容、说教学方法、说教学步骤。

在《国际中文教师证书》考试面试开始之前，你会拿到一份教学材料和一张表格，表格上写清了你在说课环节需要交代的主要内容。表格如下：

教学对象				
教学目标及教学内容				
教学重点及难点				
教学步骤	课时长度		课时安排	

说课内容包括教学对象、教学目标及教学内容、教学重点及难点、教学步骤。

也就是说，在《国际中文教师证书》面试中，说课环节考查的五个方面与常规说课的五个部分是基本吻合的。

那么接下来我们一项一项地说。

说课的第一部分是说教学对象。为什么把教学对象放在第一位？因为教学对象的特点直接决定了你的目标、内容和方法。你的学生的中文水平是初级、中级，还是高级？你的学生是欧美的、日韩的，还是中亚的？你的学生是成年人还是儿童？这些不同，都会直接影响你教什么、怎么教，对吗？所以，教学对象要根据已有中文水平、国别和年龄等方面进行区分。

> 说明教学对象已有中文水平、国别、年龄

说课的第二部分是说教学目标，是要告诉专家，通过这节课，你希望达到什么样的教学效果。教学目标包括四个方面：认知领域、技能领域、情感领域和学习策略。

> 说明希望达到的教学效果

说课的第三部分是说教学内容，也就是告诉专家你要教什么。简单地说，教学内容主要包括生词、语言点和课文。此外，还要说明教学内容中的重点和难点。

> 教学内容主要包括生词、语言点、课文、教学重点和难点

说课的第四部分是说教学方法，也就是告诉专家你为什么要这样教，你的理论支撑是什么。

> 理论支撑

说课的第五部分是说教学步骤。这是说课的核心。在这一部分里，要交代清楚教学时间、教学环节、教学重点和难点的处理方法。

> 说课核心：说教学步骤

在这里小结一下，说课的五个构成部分是：说教学对象、说教学目标、说教学内容、说教学方法、说教学步骤。

1	说教学对象	教学对象要根据已有中文水平、国别和年龄等方面进行区分。
2	说教学目标	认知领域、技能领域、情感领域、学习策略。
3	说教学内容	主要包括生词、语言点和课文。此外，还要说明教学内容中的重点和难点。
4	说教学方法	你为什么要这样教，你的理论支撑是什么。
5	说教学步骤	教学时间、教学环节、教学重点和难点的处理方法。

下面章节我们就以《〈国际汉语教师证书〉考试大纲》面试样卷中的教学材料为例，具体看一看，每一部分到底应该如何说。材料如下：

《国际中文教师证书》考试（面试）样卷

教学材料

小王：大明，中国大使馆在哪儿？
小李：在亚非学院的西南面。
小王：大使馆南面是一个大公园，对吧？
小李：不对。公园在大使馆的北边。
小王：大使馆外面有没有公共汽车站？
小李：有。大使馆对面有一个银行，车站就在银行前头。
小王：有没有地铁站？
小李：也有。地铁站在大使馆和公园的中间。
小王：谢谢。我明天想去大使馆，还想去书店。
小李：大使馆后面就有一个书店。
小王：里面有中文书吗？
小李：有。

第二节　怎么说教学对象

在这一节里，我们要谈一谈3分钟说课怎么说教学对象。

之前我们提到过，说课，为什么把教学对象放在第一位？因为教学对象的特点直接决定了你的目标、内容和方法，对吗？那么，你在说课的时候，一定要交代清楚，你的学生的中文水平是什么样的，是初级、中级，还是高级？你的学生的母语背景是什么，是英语、俄语、日语还是其他语言？你的学生是成年人还是儿童？

也就是说，我们要交代清楚教学对象的中文水平、国别和年龄等特征。

在这三个部分里，国别是可以按照你的意愿设定的，年龄无非也就是分为成人和儿童两类，都不难，最难的是交代教学对象的水平，因为这个不能瞎编，要根据面试拿到手的教学材料而定。那么我们就从最难的入手，先说说怎么界定教学对象的中文水平。

一、教学对象中文水平的界定

简单来说，对话体、大部分是单句的一般是初级水平，简短的叙述体，所讲内容是基本生活范围的也是初级水平；叙述体、大段语篇的很可能是中级水平；出现大量成语、惯用语、正式的复杂的书面表达的，应该是高级水平。那么大家从出题者的角度考虑，中高级阶段的语篇都很长，不容易落实到考卷上，所以几乎没有人愿意出中高级的教学材料。同时，在国际中文教学界，初级阶段的教学方法、研究成果也是最成熟的，案例也是最多的，出题人不仅要出题，还得出参考答案，所以大概率会选初级的课文。从考题的应用意义来看，初级阶段的学生数量一定远远多于中高级阶段学生的数量。很多人试着学一学，因为各种原因就放弃了，对吧？尤其是在海外，很多人也就是学会基本的生活表达就结束了。所以，我们推测出初级阶段教学材料的可能性是最大的。

那么请大家记住，如果你很难再细分学生的中文水平，一般说"初级水平"就够了。

我们在介绍学生水平的时候，一般会交代学了多长时间，显得我们很专业。其实，因为每周课时不同，处于同样水平的学生，学过多长时间是不一样的。大家可以回忆一下自己学习外语的经历，把你扔到国外，每天在目的语环境中学习，和上选修课，每星期只有两个小时，效果肯定不一样，对吧？所以，我们很高兴地告诉你，这个学了多长时间可以随便说！但是也不能太随便了，对于初级阶段的学生，我们说他学过三个月到半年，这个时间段是比较保险的。

二、教学对象国别的选择

说完了学生水平，接着来说说国别。你说哪个国家都行，但最好是你接触最多的，不然说课试讲中万一涉及这个国家的文化特点、这个国家人说中文的主要偏误类型，你就把自己晾那儿了，对吧？

选择熟悉的国家

三、教学对象年龄层次的界定

最后再说一说年龄。看教学材料，应该很容易区分出是针对成人学生还是针对儿童学生。成人学生的课文比较理性、客观；儿童学生的课文涉及的话题一般比较单纯可爱，比如家庭成员、小猫小狗、生活习惯的培养等等。

区分成人与儿童

四、说课中教学对象的语言表述

怎么说教学对象，我们已经分析完了，接下来该进入操作层面了。

因为说课时间一共只有3分钟，所以我们建议大家用一句话，信息紧凑地来介绍教学对象。结合大纲样题，你可以这样介绍教学对象：

> 根据所提供的教学材料，我将这篇课文的教学对象设定为学过两到三个月汉语，掌握300—400词的欧美成年留学生。

第三节　怎么说教学目标

谈完教学内容，我们来谈谈怎么说教学目标。教学目标分为四个方面，分别是：认知领域、技能领域、情感领域、策略。在证书面试考试当中，因为只有3分钟的说课时间，而且教学目标也不是说课最核心的部分，所以我们要挑重点说，这就意味着，我们需要做取舍。因此，本节我们会告诉大家怎么说教学目标，帮助大家挑出必说的考点内容。

一、为什么要制定教学目标

在讲教学目标的分类之前，我想请大家思考一下：为什么要制定教学目标？我拿着教材去上课不行吗？教材上不是有现成的课文吗？不是已经列出了生词和语言点吗？不是有编好的练习吗？我照着课本教就足够了呀，为什么还要考虑教学目标呢？

其实，制定清晰、明确的教学目标，不仅可以促进学生的学习进步，更有利于提升教师的教学能力和水平：

1. 调整教师紧张的心态：有明确的目标和方向，使得教师可以有的放矢，自信面对每一节课；

2. 增强教学的长期规划性：确保每节课、每周课甚至整个学年的课都有条不紊，使教学过程更加有条理；

3. 为学生提供明确的学习方向：从长远的角度为学生制定学习策略，比如重点培训哪些技能、掌握什么样的学习方法，以及达到什么样的短期和长期目标等；

4. 有利于教师职业发展：通过不断提高自己的教学技能，为职业晋升做好准备。

二、教学目标的分类

教学目标究竟有哪些呢？

1. 认知领域：包括语言知识、语用规则、文化历史知识等的学习。

2. 技能领域：主要是听说读写言语技能和言语交际技能。

3. 情感领域：主要是语言中所蕴含的文化知识、文化理解意识、跨文化交际和国际视野。

4. 策略：主要是学习策略、交际策略、情感策略等。

大家最初提教学目标，基本都是生词、语法、课文、文化，再加上听说读写。也就是说，大家觉得我这一节课里，教了生词、讲了语法、练了课文、介绍了文化，并且在课上训练了学生的听说读写技能，任务就完成了。其中，生词、语法、课文、文化，对应的就是语言知识，是属于第一个领域，认知领域的。听说读写，都是语言技能，是属于第二个领域，技能领域的。

后来大家又在认知领域里补充了语用规则，比如，学生说："老师，你几岁了？""老师，这是我的作业，请你拜读。"为什么不对？这都是语用要解决的问题。在技能领域里，又补充了交际技能，这是受交际法的影响。我们教汉语的最终目的，不是让学生掌握语言知识，而是让学生能够用汉语来实现交际目的。

再后来，又加上了情感和策略两个方面。增加这两个方面是非常有道理的。我们可以想一想，在学习一门外语的过程中，是什么支持一个学习者克服重重困难，一直坚持下去？一定不是生词、语法、课文，对吗？应该是对这门语言的热爱和对这门语言所承载、所呈现的文化的认可。这，就是情感。就像你的男朋友、女朋友，或者爱人，愿意长期和你在一起，是因为觉得和你在一起舒服、有趣、有安全感。除了有着长期相处的意愿，你们还要知道如何互相取悦、如何建立良好的关系，这就是策略。学习一门语言也是同样的道理，认知领域和技能领域能解决操作层面的问题，而想让一个学习者长期地、有效率地学习一门语言，需要情感和策略。

三、怎么说教学目标

我们将结合大纲样题，给大家一些建议。

首先，语言知识（也就是生词、语言点、课文），还有言语交际技能是必须交代的。其次，如果你说话够快，加上情感和策略，会锦上添花；如果你语速慢，或者容易紧张和停顿，那么建议你只说语言知识和言语交际技能。

教学目标的确定需要结合教学内容。这里结合大纲样题所给材料，我们来说一说教学内容。

> 本课的教学内容可分为语言内容和文化内容两部分：语言内容主要包括"西南面、北边"等9个方位词和"大使馆、站"等5个处所名词，存在句这个语法点，以及一篇对话体课文；文化内容主要是汉语方位的表达特点。其中存在句是本课的教学重点，也是本课的教学难点。

教学目标的表述套路

说完教学内容，接下来，我们把教学内容落实到教学目标上。我们有一个非常好用的套路，这里分享给大家：学习词语的目标，我们说"能够准确掌握……的意义和用法"；学习语言点的目标，我们说"掌握……的结构和功能，并完成语法练习活动"；学习课文的目标，我们说"能够理解、复述并活用课文"；言语交际技能的目标，我们说"让学生学会……"。

把以上的内容整合起来，就是规范的教学目标的表述：

> 本课的教学目标是：通过本课的学习，能够准确掌握方位词的意义和用法；掌握存在句的结构和功能，并完成语法练习活动；能够理解、复述并活用课文；让学生学会询问以及描述位置。

如果你的语速够快，时间把握够好，还可以再加上两句：

> 营造良好的学习环境，鼓励学生参与课堂互动，培养学生的合作能力；激发学生的学习兴趣。

加上这两句，一定会让面试官对你另眼相看。

第四节　怎么说教学内容

新HSK1-4级词汇表、
1-3级语法表

　　一般的说课，第一步谈教学对象，第二步谈教学目标，第三步再谈教学内容。但是实际上，我们是先确定了教学内容，然后再根据教学内容确定教学目标的。所以在这一节里，我们先谈谈怎么说教学内容。

　　教学内容的分类方法有很多。在《国际中文教师证书》面试中，把教学内容分为语言内容和文化内容，还要求说明教学重点和难点。那么为了应试的需要，在这一节里，我们将从语言内容、文化内容、教学重点和难点三个方面来介绍。

一、语言内容

　　语言内容包括什么呢？生词、语言点、课文，都是语言内容。后面我们会练习如何从教学材料中提取生词和语言点。

语言内容：生词、语言点、课文

二、文化内容

　　文化内容包括什么呢？包括文化知识、文化理解、跨文化意识和国际视野。这个说起来很宏观，给大家举些例子，大家就明白了。

　　文化知识，比如中国的传统节日、名胜古迹、中国的家庭结构、餐桌上的礼仪、茶文化和酒文化、中国人喜欢什么数字什么颜色、在世界上有影响力的华人等等，这些都是文化知识，所以当你看到面试的教学材料中有这些内容时，就把它列为文化内容。

　　文化理解，主要指中国的基本价值观，比如"和""孝顺""谦虚"等等。

　　跨文化意识，指的是中国文化和另外某一文化的差异，比如中国人在表达时间和地点的时候，都是先说大的，再说小的，这个和英语是相反的。

　　国际视野，主要是了解世界文化，建立世界公民意识。所以文化不仅指中国的文化，也包括世界文化。

　　那么大家就可以从这些方面来找文化内容了。一般来说，一段课文会有一个比较明显的文化内容，因为现在的课文一般都是内容式的，都是有交际意义的，所以稍微敏感一些的同学应该都能找出来。实在找不出来的话，可以不说，不说比乱说要好。

　　如果有同学对这部分感兴趣，建议大家翻一翻《国际汉语教学通用

文化内容：文化知识、文化理解、跨文化意识和国际视野

课程大纲》。这是我们手头必备的工具书。

三、怎么找语言内容和文化内容

接下来我们练习一下找语言内容和文化内容。

大家看看考试大纲的样题：

小王：大明，中国大使馆在哪儿？

小李：在亚非学院的西南面。

小王：大使馆南面是一个大公园，对吧？

小李：不对。公园在大使馆的北边。

小王：大使馆外面有没有公共汽车站？

小李：有。大使馆对面有一个银行，车站就在银行前头。

小王：有没有地铁站？

小李：也有。地铁站在大使馆和公园的中间。

小王：谢谢。我明天想去大使馆，还想去书店。

小李：大使馆后面就有一个书店。

小王：里面有中文书吗？

小李：有。

首先，请大家找出重点生词、语言点。

结合课文主题选定生词

这是一段编得非常精彩的初级阶段的课文。不管是内行还是外行，一看就知道要教什么。它的话题，或者说它的功能是描述或者询问一个处所。这段课文的特点是，以主题展开，生词是主题式的，语言点也是和主题密切相关的。我标注了一下，我们一起看看。生词有两类，一类是方位词，有9个：西南面、南面、北边、外面、对面、前头、中间、后面、里面；一类是表示地点的名词，有5个：大使馆、公园、站、银行、书店。

那么语言点呢？是存在句。

选择语言点的三个注意事项

选择语言点的时候要注意三点：第一，最好只选择一个，因为多了的话，你说不清楚，也讲不完；第二，选择最典型的那一个，边边角角的语言点不要选；第三，选择难度最高的那一个，比如，同一段课文里，有"你家有几口人"，还有"快要下雨了"，还有"虽然……但是……"，那你一定要选难度最高的"虽然……但是……"，因为我们会默认前两个语言点已经学过了，不应该作为本课的学习内容。

所以，这段教学材料的语言内容应该是：9个方位词和5个处所名词，存在句，以及一篇对话体课文。

说完了语言内容，咱们来找一找文化内容。说实话，这段材料的文化内容不太好找，我认为可以不说。如果非要说的话，应该是汉语中方位的表达。

四、说明教学重点和难点

语言内容和文化内容都找出来了，接下来要交代重点和难点。

一般来说，重点和难点是重合的，所以大家就不要费力区别它们的不同了，放在一起说就行。同时，教学重点和难点首选语言点和功能项目，次选重要的生词。在这段教学材料中，语言点是存在句，功能项目是汉语方位的表达，重点生词是方位词，那么重点和难点就是这些了。

> 怎么确定重点难点

五、教学内容表述范例

我们把刚才谈的归总到一起，说一说考试大纲样题，教学内容应该怎么说：

> 本课的教学内容可分为语言内容和文化内容两部分：语言内容主要包括"西南面、北边"等9个方位词和"大使馆、站"等5个处所名词，存在句这个语法点，以及一篇对话体课文；文化内容主要是汉语方位的表达特点。其中存在句是本课的教学重点，也是本课的教学难点。

因为总时间只有3分钟，而教学内容这一部分并不是面试官要听的重点，所以只要简单明确即可，不必追求完美。希望大家掌握这个表达框架，那么真正考试的时候，不管你拿到的是什么教学材料，只要套用这个框架，保证你说出让面试官认可的内容。

> 教学重点难点简单明了

第五节　怎么说教学方法

> 教学方法是说课的核心

前边，我们告诉大家，3分钟的说课，教学对象不是专家最关心的，教学内容不是专家最关心的，教学目标也不是专家最关心的。憋了很久了，说课的核心终于出现了，那就是教学方法。

教学方法的运用，体现了你对教学对象的关注，对教学目标的锁定，以及对教学内容的把握。教学方法不建议大家单独拎出来说，最好的方式是嵌入教学步骤的介绍当中，这样会使得你的说课充实丰满、有美感。

这一节的目标是分别掌握词汇教学、语法教学和课文教学的方法。在下一节，教学步骤当中，我们会告诉大家，怎么把这些方法灵活地融入教学步骤的介绍，撩动评分专家的心。

这一节将分成三个部分进行：第一，讲练生词的方法；第二，讲练语言点的方法；第三，讲练课文的方法。在每一个部分，我们会结合教学方法，谈谈教具的使用。

讲练生词、语法、课文，各自有很多的教学方法，在这一节里，我们会把干货捞出来，针对面试中的说课，向大家推荐几种好用的教学方法。

> 初级阶段常用的教学方法

因为面试当中，最可能提供的教学材料是初级阶段的，所以，针对初级阶段的教学，这里给出的建议是：

1. 词语教学主要采用直接释义法、语义关系法和词语扩展法；

2. 语法导入用实物法、直接体验法，也可以用图片和动画；

3. 语法讲解使用例句法、总结归纳法或板书对比法；

4. 语法操练使用问答法、看图说句子或情境法；

5. 课文的教学有套路。

一、词语教学的方法

词语教学的主要方法有：直接释义法、语素教学法、语义关系法、对比教学法、词语扩展法和情境教学法。这些方法，在考虑选用哪一个之前，你应该先知道都是什么，对吧？为节省大家的精力，下面将简单进行介绍。

> 直接释义法：用于事物名词、实义动词、汉语和学生母语意思完全对应的词

1. 直接释义法：顾名思义，就是直接解释。

比如出现"大使馆"这个词，你要不要说"大使馆就是一国在建交国首都派驻的常设外交代表机关，其主要职责是领事工作，重要职责

是促进两国关系和人民间的往来"？千万不要。因为学生在学"大使馆"这个词时，绝对不会知道"建交国""职责""领事工作"都是什么。很多老师抱怨："学生怎么听不懂？"对这样的老师，我只有批评，没有同情。学生听不懂，一定是老师的原因，不是教学内容的安排出了问题，就是方法出了问题，而归根到底，是教师对教学对象不够了解，没有设定合理的教学目标。抱怨"学生有问题"，只会让领导和专家觉得你非常不专业，不会有人真正同情你。同时，我希望大家明白一个问题，正是因为学生自己学不会，他才需要你，如果学生什么都会了，你就没有饭碗了。所以你要感谢学生不会，感谢学生有问题。

话说回来，"大使馆"这个词应该怎么解释？直接拿出大使馆的图片，或者用学生的母语解释，足够。不用绕那么多弯子，浪费时间。这就是"直接释义法"。

那么什么样的词可以用"直接释义法"展示？表示事物的名词，比如"车站、公园、银行"，可以用图片展示；有实际意义的动词，比如"开、关、推、拉、踢"等，可以用肢体动作展示；汉语和学生母语意思完全对应的词，比如"喜欢、经常、护照"等，直接用学生的母语解释就行了。使用"直接释义法"你会用到什么教具呢？刚才已经提到了，图片或肢体动作。

2. 语素教学法：就是把一个词拆开，用语素义的组合解释词义。

> 语素教学法：用语素义的组合解释词义

比如"售货员"这个词。售：卖；货：东西；员：……的人。那么售货员就是卖东西的人。如果生词中还有"售票员、运动员、演员"等，那么你可以利用"员"这个语素，把这些词整理到一起。

语素教学法很有用，但是大多数的面试中很可能用不上，因为你很少能遇到有相同语素的一组生词。

3. 语义关系法：当你遇到同一话题下，很多意义相关的词，你可以使用语义关系法。

> 语义关系法：用于整合同一话题下意义相关的词

例如："在饭馆吃饭"这一话题下，教师可以这样串讲生词：

教师：在饭馆吃饭要先做什么？→点菜

点菜的时候要看什么？→看菜单

你先点什么？→饮料

然后点什么？→点菜

你点什么菜？→西红柿炒鸡蛋和麻婆豆腐

你知道的菜名还有什么？→……

最后你点什么？→主食

你知道的主食有什么？→米饭、饺子、包子……

吃完饭要做什么？→结账

语义关系法很有用，而且看起来很炫，大家可以尝试使用。使用的教具是什么呢？图片。

4. 对比教学法：主要用来对比近义词。

比如教授"再、又""或者、还是"。使用的教具是板书、PPT等常规教具。在这里，我们有一个建议：如果考试材料当中出现了明显的两个近义词，而且多次出现，那么一定是需要对比的，"再、又"就常出现在一篇课文里，编者的目的就是要区分这两个词。但是如果只出现其中一个词，比如"还是"，你就不要故意提出"或者"这个词，然后费力不讨好地区别"或者、还是"的不同。这属于画蛇添足。

5. 词语扩展法：这是必用的教学方法。生词的教学一定离不开这种方法。比如：

站—车站 / 地铁站 / 火车站—去火车站—我今天下午去火车站。

词语扩展法操练简便，具有能直接展示词语搭配的特点、在句子中的功能以及用法特点的优势，是在词语教学过程中使用最多的一种手段。通常的做法是教师扩展词语，学生跟说，必要时扩展到句子。

6. 情境教学法：可以用来解释较为抽象或不容易解释的词语，让学生在语境中感知、理解和体会词义，并掌握它的用法。

但是既然是不容易解释的词，面试你就少提，不要给自己找麻烦。比如"尴尬""缘分""高雅"，这些词你怎么解释？怎么创设情境？"不作死就不会死"，这句话在面试中非常具有警示意义。

总结一下，讲练生词，我们推荐直接释义法、语义关系法和词语扩展法。其他的方法在下图里字体都变灰了，很清楚地表达了我们的态度。所用的教具可以是图片、肢体动作，也可以是板书、PPT。

> 讲练生词的方法及教具
>
> （1）直接释义法
>
> （2）语素教学法
>
> （3）语义关系法
>
> （4）对比教学法
>
> （5）词语扩展法
>
> （6）情境教学法
>
> 图片
> 肢体动作
> 板书
> PPT

对比教学法：主要针对近义词

词语扩展法：由词扩展到小句

情境教学法：用于抽象、不容易解释的词语

二、语法教学的方法

初级阶段，以基本句型为主，语法讲练的基本步骤一般包括语法点导入、语法点讲解和语法点操练。

1. 语法点的导入

语法点的导入，可以利用实物，比如讲日期的时候可以利用日历，讲钱数表达的时候可以利用纸币和硬币，这叫"实物法"，不是吃的"食物"，别想多了哈。不容易找到实物的话，可以使用图片，这叫"图片法"。动作意义强的语法点可以用动画导入。比如复合趋向补语，你可以用视频展示一只圆滚滚的熊猫爬上了一棵树，引出句子："熊猫爬上树去了。"这叫作"动画法"。你也可以用"复习法"，以旧带新，这个方法显得很牛，但是比较危险，很容易被专家挑出漏洞，请同学们慎用。也可以使用"直接体验法"，就是让学生亲身参与到语法点导入过程中。比如，讲"把"字句时，你可以先在黑板上涂鸦，然后问学生："你们看，黑板干净吗？"学生答："不干净。"教师说："A 同学，请你到前边来擦一下黑板。"学生擦完黑板，教师再问："现在呢？现在黑板干净吗？"学生答："现在黑板很干净。"教师引导："用'把'怎么说呢？可以说：A 同学把黑板擦干净了。"

到这里没有结束，要记得板书"把"字句的句式。

小结：推荐使用的语法点导入方法：

（1）实物法（比如利用日历讲"日期表达"、利用人民币讲"钱数表达"）；

（2）图片法（比如利用家人照片讲"形容词谓语句"）；

（3）动画法（比如利用动画讲具有动态特征的语法点）；

（4）复习法（以旧带新）；

（5）直接体验法（比如讲"把"字句）。

2. 语法点的讲解

再来说说语法讲解的方法。常见的语法讲解方法有例句法、总结归纳法、板书对比法。

（1）例句法

容易的语法点用不着过多解释，举几个例子就够了。比如表达意愿的格式"主语＋想＋动词短语"，只要教师说出几个例句"我想去超市""他们想打篮球"等，学生就能明白怎么用了。

> 容易的语法点直接举例子

（2）总结归纳法

结构典型的语法点，可以让学生自己去发现，这叫启发式，是现在汉语课堂上很常用的教学方法。比如，可能补语和动词的语序，是一个结构典型的语言点，教师可以板书几个短语：

> 看得见　看不见
> 记得住　记不住
> 睡得着　睡不着

让学生自己发现、自己总结归纳。

（3）板书对比法

有些易混语法点，可以板书例句，对比异同。这样会给学生留下更深刻的印象。这个方法直观、好操作，关键是说课的时候容易说清楚，所以我们强烈推荐板书对比法。比如"再"和"又"的区别，可用下列句子进行对比讲解：

{ 你再说一遍。
{ 他又说了一遍。

{ 你明天再来吧。
{ 他今天又来了。

{ 我明年再来中国。
{ 我今年又来中国了。

通过板书对比可以看出，"再"表示动作行为还未发生，常用于表示要求、建议或计划；"又"表示动作行为已发生，常和"了"搭配使用。

小结一下，语法讲解好用的方法有：例句法、总结归纳法和板书对比法。

3. 语法点的操练

常见的语法操练方法有很多，这里只推荐三个：问答法、看图说句子、根据提供的情境说句子。

（1）问答法

有些语法点在日常生活中使用率较高，或者跟学生的生活经历关系密切。操练这样的语法点，教师可以设计问题，通过教师提问，学生回答，让学生领会和掌握目标语法点的使用情况。比如,学习强调句"是……的"时,教师便可以根据学生的情况和经历设计各种问题,来操练"是……的"句强调的各个方面。

师:A 同学,你去过天津吗?

生 A:我去过天津。

师:你是什么时候去的?

生 A:我是上个星期去的。【强调时间】

师:你是一个人去的吗?

生 A:我不是一个人去的,我是跟 B 同学一起去的。【否定形式;强调方式】

师:B 同学,你们是怎么去的?

生 B:我们是坐火车去的。【强调方式】

(2)看图说句子

给学生一幅图或者几幅图,让学生用目标语法点说出图中所表达的意思。比如,在学习"时间词语+动词词组"时,可以展示下面这幅图,让学生说出"他八点做作业"。

利用看图说话进行操练,可以让学生说出一个句子,也可以让学生说出一段话。比如,描写房间的摆设、人物的穿着打扮等,是动态助词"着"常用的两个情境练习。在学习"着"时,老师就可以给学生两个房间的图片,图上两个房间有一些不同。如 A 房间的门开着,B 房间的门关着;A 房间的墙上挂着一张照片,B 房间的墙上挂着一张地图;A 房间的桌子上放着几本书,B 房间的桌子上放着一台电脑……让学

用图引导学生说句子

生找出这些不同。

（3）根据提供的情境说句子

设计情境，引导学生说句子

教师提供情境，让学生根据情境说出带有目标语法点的句子。比如操练比较句时，可以设计情境：昨天的气温是20度，今天的气温是25度。让学生说出目标句：今天的气温比昨天高5度。

小结一下，面试推荐使用的语法操练方法有：问答法、看图说句子和根据提供的情境说句子。

三、课文教学的方法

课文部分的教学方法是有套路可循的，这对我们来说应该是一个喜大普奔的消息，对吧？

课文教学的套路

一般来说，先领读再分角色朗读，通过问答的方式检查学生是否理解，然后引导学生看图复述课文，最后是小组活动。

大家只要思考一下，设计一个和这篇课文功能相关的活动就行了。比如大纲样题的功能是"询问和描述某一处所"，那么，我们可以这样说：

> 两人一组，根据学校的地图，一人询问一人描述某一处所，并进行表演。

四、本节小结

这一节信息量很大，所以我们要总结一下要点：

1. 初级阶段词语教学主要采用直接释义法、语义关系法或词语扩展法；
2. 语法导入用实物法、图片法、动画法或直接体验法；
3. 语法讲解使用例句法、总结归纳法或板书对比法；
4. 语法操练使用问答法、看图说句子或根据提供的情境说句子；
5. 课文的教学有套路。

第六节　怎么说教学步骤

构建课堂教学这座大楼，教学步骤是钢筋架构，教学内容和教学方法是填充其中、使其坚不可摧的水泥。

在上一节里，我们集中学习了生词、语言点和课文的教学方法及教具的使用，可以说，水泥已经准备好了。接下来，在这一节里，我们要指导大家如何搭建钢筋架构，然后浇筑水泥，也就是把我们前面所学的教学方法灵活地嵌入教学步骤当中。

一、课型的选择

面试之前，你会拿到教学材料，是一篇课文。没有要求你按照哪个课型来上，那么我们就按照最常规的课型——综合课来进行教学。

> 选择课型：综合课

大家千万不要为了彰显个性，选择听力课、阅读课、写作课。在海外，汉语课的课时数很少，一般只会设置综合课或者口语课，很少会把各个课型都搭建起来，如果你准备别的课型，评分专家可能会要求你改成综合课。所以考虑到大多数情况，我们还是按最常见的综合课来进行准备。

二、综合课的教学步骤

综合课的教学步骤包括哪些呢？

首先是组织教学。师生问好，点名，简单询问学生的身体情况和心情，把学生的注意力集中到课堂上。

> 组织教学

其次是复习及导入环节。复习是指检查学生对已学过内容的掌握情况，同时也可以引起学生的注意，还可以督促学生课下认真复习。复习一般在新课之前进行，大概10—20分钟不等。你可以通过问答复习，也可以通过听写复习，还可以通过朗读复习，还可以通过任务汇报复习。导入，是在复习和学新课之间，起到一个过渡的作用。

> 复习及导入

然后是学习新课。学习新课是一课的教学重点，综合课的新课内容包括生词、语法、课文等。

> 学习新课

最后是总结与布置作业。作业是课堂教学的延续，它是把教师在课堂上教授给学生的知识和培养学生的能力变成了有形的，同时也是对学生课堂学习成果的检验，对课堂所学知识的巩固复习。作业的形式包括书面作业、口头作业和任务型作业。

> 总结与布置作业

三、教学步骤的表述方法

结合大纲样题，我们来说说怎么落实教学步骤的介绍。

介绍教学时长

首先，你要告诉评分专家你打算用多长时间来完成这份教学材料的教学。一般来说，是两个课时，100分钟。大家千万不要觉得这课文好简单啊，读一遍半分钟足够，那就10分钟教完吧。你要是这么说，在面试中会死得很惨。请大家记住，一篇初级阶段的课文，一般要用两个课时，100分钟完成。

总的时间计划说完了，接着往下说。

细化教学步骤

第一步，组织教学。最简明的说法是："师生问好，组织教学。"

第二步，复习及导入。你不用说你是怎么复习的，只要让专家知道你有复习这个环节就够了。导入的方式要说清楚。一般可以通过提问导入，提问的句子一定是和学生密切相关的，才显得有亲和力，不要问严肃、冷僻或者带有政治主张的问题。这份材料的典型句型是用"在、是、有"进行方位表达，因此我们结合这三个语言点设计了三个问句："老师的书在哪儿？（在桌子上。）书的旁边是什么？（是老师的杯子。）杯子里有水吗？（有。）"通过这样的问答，让学生对即将学习的语言点和功能有一个初步的认识，从而导入新课。

第三步，是学习新课，包括生词、语法和课文。我们需要有一个概括性的说明。比较精练的表述是："第三，学习新课，依次讲练生词、语法，处理课文。"

本课的重点生词是5个处所名词和9个方位词。处所名词可以用扩展法进行讲练，但是本课的功能是询问描述方位，所以说课时，我们放弃了处所名词，而选择了方位词。那么方位词怎么讲练呢？用图示法是最直观简明的。一张图上标明8个方位，老师带着说和练都非常方便。练完之后，再展示一张世界地图，生词结合意义，完美地体现了交际理念。那么，落实到说课表述上，我们可以说：

生词教学的表述

> 生词讲练部分，方位词主要采用图示法，并利用世界地图等进行操练。

接下来是语法，存在句怎么讲，大使馆在哪儿、银行在哪儿，用图示法最合适。用图示法说出的例句，老师可以写到黑板上，请学生归纳总结出存在句的结构，这叫启发式教学法。之后，因为课文中同时出现了"在、是、有"，那么必须进行对比。这都是语法讲解。很多老师讲完语法会问学生"懂了吗"，学生说"懂了"，然后语法部分就结束了。

这是非常不专业的行为，学生懂不懂不是通过你简单问学生懂不懂来考查的，应该在操练当中考查，而且考查的关键不是学生懂不懂，而是学生会不会用。所以行内的专家会非常看重你怎么操练。

操练可以利用图片，也可以设计场景，这叫图示法、情景法（或者叫情境法也行）。语法操练后要设计小组活动，这是课程交际性的重要体现，如果你说你的教学理念是交际法，却没有设计一个交际活动，那就是搬起石头砸自己的脚了。

那么语法教学的表述就是：

> 教学重点和难点是存在句，先用图示法进行讲解，然后利用归纳法，总结出存在句的结构，并利用对比法，展示"有"和"是"两种方位表达方式的不同，通过图示法、情景法等逐一操练，再通过看图说话的小组活动进行巩固练习。

语法教学的表述

接下来是课文了。

对话体课文一般是先读，然后提问，接着复述，最后表演。

表演什么呢？只要把课文的表达框架提炼出来，话题稍作修改即可。比如课文里问大使馆在哪儿，我们让学生问学校里的某个地方在哪儿，就可以了。不要设计太复杂、跨度太大的活动，那样坑的是你自己。不要问我为什么，你试一次就知道为什么了，那是我和我的不怕死的同事们在年轻的时候，用一次又一次惨痛的经历，总结而来的经验。

回到大纲样题，课文部分可以这样说：

> 课文部分先领读，再分角色朗读，通过问答的方式检查学生是否理解，然后引导学生看图复述课文。接下来是小组活动，两人一组，根据学校的地图，一人询问一人描述某一处所，并进行表演。

课文教学的表述

课文说完了，是不是结束了呢？不是。你要加上一句："最后，对本节课主要内容进行小结，并布置作业。"

四、说教学步骤的范例

到这里，本节的内容，怎么说教学步骤，就说完了。请大家再回顾一下教学步骤有哪些，然后完整地读一遍我们提供的说教学步骤的范例。不要偷懒哦，大声读出来，是最有效的记忆方法。

第三章　说　课

> 本课教学内容计划用两个课时，共100分钟来完成。下面我来介绍一下具体的教学步骤：
>
> 第一，师生问好，组织教学。
>
> 第二，对上节课的内容进行简单的复习，并通过提问："老师的书在哪儿？（在桌子上。）书的旁边是什么？（是老师的杯子。）杯子里有水吗？（有。）"导入新课。
>
> 第三，学习新课，依次讲练生词、语法，处理课文。
>
> 生词讲练部分，方位词主要采用图示法，并利用世界地图等进行操练。
>
> 教学重点和难点是存在句，先用图示法进行讲解，然后利用归纳法，总结出存在句的结构，并利用对比法，展示"有"和"是"两种方位表达方式的不同，通过图示法、情景法等逐一操练，再通过看图说话的小组活动进行巩固练习。
>
> 课文部分先领读再分角色朗读，通过问答的方式检查学生是否理解，然后引导学生看图复述课文。接下来是小组活动，两人一组，根据学校的地图，一人询问一人描述某一处所，并进行表演。
>
> 最后，对本节课主要内容进行小结，并布置作业。

第七节　完整说课范例整理

在之前的几节里，我们分别学习了3分钟说课怎么说教学对象、教学内容、教学目标、教学方法和教学步骤，已经建构起完整的说课框架了。下面我们就利用大家已经非常熟悉的《〈国际中文教师证书〉考试大纲》面试样卷中的材料，为大家完整地总结一下拿到材料后的分析思路以及说课模板。

> **《国际中文教师证书》考试（面试）样卷**
>
> 教学材料
>
> 小王：大明，中国大使馆在哪儿？
> 小李：在亚非学院的西南面。
> 小王：大使馆南面是一个大公园，对吧？
> 小李：不对。公园在大使馆的北边。
> 小王：大使馆外面有没有公共汽车站？
> 小李：有。大使馆对面有一个银行，车站就在银行前头。
> 小王：有没有地铁站？
> 小李：也有。地铁站在大使馆和公园的中间。
> 小王：谢谢。我明天想去大使馆，还想去书店。
> 小李：大使馆后面就有一个书店。
> 小王：里面有中文书吗？
> 小李：有。

一、教学材料分析

这是一段154字的课文，是对话体，所使用的句子都是单句（就是没有像"因为……所以"这样的关联词），用词是基本生活用词。所以可以判断这是一篇初级阶段的课文，这个阶段学生掌握的生词在400词左右。

所讨论的话题是大使馆在哪儿，落到语言功能上，是方位的询问和描述，具体到语言点，是存现句当中的存在句。

好的，教学材料分析完了，我们要落实到说课上。

《〈国际汉语教师证书〉考试大纲》面试样卷的第二部分，是说课要求：

> 请根据上述教学材料，对教学目标、教学内容（包括语言与文化）、教学重点及难点、教学步骤等方面进行说明。

那么根据大纲要求，我们制作了一份3分钟的说课范例。请大家注意，说课环节的时间要求是非常严格的，如果说到3分钟你还没说完，那么考官将打断你的说课，不再让你说下去，所以请大家注意语速。一般人的正常语速是每分钟80—160字，当然这是交谈语速，不是报告语速。我国播音员每分钟正常语速是240字，这是较快的报告语速。为了让考官听清楚，同时空出大家因为紧张而停顿的时间、思考的时间，建议大家在3分钟里说600—700字。在2分55秒结束，会是一个让考

教学材料分析

注意说课语速

官非常满意的时间。这时候你再向考官投去一个自信的微笑,一定会加分。

二、说课范例

接下来,请大家模拟面试状态,仔细阅读我们为大家准备的说课范例。结合前面几节我们学到的方法技巧,思考范例中都融合了哪些我们讨论过的要点,以及为何采用这样的方法。

> 各位考官好!我现在开始说课。
>
> 说教学对象　　根据所提供的教学材料,我将这篇课文的教学对象设定为学过两到三个月汉语,掌握300—400词的欧美成年留学生。
>
> 说教学目标　　本课的教学目标是:通过本课的学习,能够准确掌握方位词的意义和用法;掌握存在句的结构和功能,并完成语法练习活动;能够理解、复述并活用课文;让学生学会询问以及描述位置。
>
> 说教学内容　　本课的教学内容可分为语言内容和文化内容两部分:语言内容主要包括"西南面、北边"等9个方位词和"大使馆、站"等5个处所名词,存在句这个语法点,以及一篇对话体课文;文化内容主要是汉语方位的表达特点。其中存在句是本课的教学重点,也是本课的教学难点。
>
> 说教学步骤和教学方法　　本课教学内容计划用两个课时,共100分钟来完成。下面我来介绍一下具体的教学步骤:
>
> 第一,师生问好,组织教学。
>
> 第二,对上节课的内容进行简单的复习,并通过提问:"老师的书在哪儿?(在桌子上。)书的旁边是什么?(是老师的杯子。)杯子里有水吗?(有。)"导入新课。
>
> 第三,学习新课,依次讲练生词、语法,处理课文。
>
> 生词讲练部分,方位词主要采用图示法,并利用世界地图等进行操练。
>
> 教学重点和难点是存在句,先用图示法进行讲解,然后利用归纳法,总结出存在句的结构,并利用对比法,展示"有"和"是"两种方位表达方式的不同,通过图示法、情景法等逐一操练,再通过看图说话的小组活动进行巩固练习。
>
> 课文部分先领读,再分角色朗读,通过问答的方式检查学生是

否理解，然后引导学生看图复述课文。接下来是小组活动，两人一组，根据学校的地图，一人询问一人描述某一处所，并进行表演。

最后，对本节课主要内容进行小结，并布置作业。

说课完毕，谢谢！

第八节　说课模拟演练

在之前的几节里，我们结合考试大纲样题，系统学习了3分钟说课怎么说教学对象、教学目标、教学内容、教学方法和教学步骤，已经构建起完整的说课框架了。在本章最后一节，我们将利用一道面试真题，和大家一起再完整地模拟一下面试说课，考查大家对前面所学内容的掌握程度。

一、模拟说课案例

首先请大家阅读这份面试材料，读后用10分钟的时间思考：针对这段材料，你将如何说课？

李钟文：望月，你看学院发的旅行计划了吗？

望　月：看了，不过我还没想好去哪儿。你想好了吗？

李钟文：我就是来找你商量的。我是第一次来中国。

望　月：可我除了去过几个南方城市以外，北方城市都没去过。

李钟文：我们国家大部分地方都是山，我从来没见过大草原的景色，也没骑过马。说实话，我对烤肉也很有兴趣。

望　月：我知道了，你想去草原骑马、吃烤肉。行！你去哪儿，我就去哪儿。咱俩一起去。

二、分步模拟

我们按照教学对象、教学内容、教学目标、教学步骤和方法的顺序，一步一步分析，一部分一部分来表述。

1. 说教学对象

在说教学对象时，一定要体现教学对象的中文水平、国别和年龄三个方面。先考虑中文水平：这是一段对话体课文，有复句，有"说实话"这样的插入语，应该是初级阶段的。国别说你接触得最多的。年龄呢，这段课文是聊旅行，话题和表达方式都比较成熟，是针对成人学习者的。因此，描述教学对象，我们可以这样说：

> 根据所提供的教学材料，我将这篇课文的教学对象设定为学过六个月汉语，处于初级水平的欧美成年留学生。

2. 说教学内容

要安排教学内容，我们首先考虑的是：这段对话的功能项目是什么。是谈旅行计划，对吧？那么重点生词一定是和旅行计划相关的，最明显的是"旅行、计划、商量、草原"。可能还有别的，但是可以忽略。语言点呢？最明显的是"除了……都……"和插入语"说实话"。提醒大家，插入语，如"总的来说""话说回来""实际上"等，经常会是语言点。

文化内容呢？可以谈中国的自然风光，谈在中国的旅行计划，问题都不大。

下面是标出生词和语言点的说课材料，大家可以看着它试着说说教学内容。

李钟文：望月，你看学院发的<u>旅行计划</u>了吗？

望　月：看了，不过我还没想好去哪儿。你想好了吗？

李钟文：我就是来找你<u>商量</u>的。我是第一次来中国。

望　月：可我<u>除了</u>去过几个南方城市<u>以外，北方城市都没去过</u>。

李钟文：我们国家大部分地方都是山，我从来没见过大<u>草原</u>的景色，也没骑过马。<u>说实话</u>，我对烤肉也很有兴趣。

望　月：我知道了，你想去草原骑马、吃烤肉。行！你去哪儿，我就去哪儿。咱俩一起去。

针对这段教学材料，我们该怎么介绍教学内容呢？可以这样说：

> 本课的教学内容可分为语言内容和文化内容两部分：语言内容主要包括与商讨旅行计划有关的5个生词，"除了……都……"和"说实话"这两个语法点，以及一篇对话体课文；文化内容主要是谈在中国的旅行计划。其中复句"除了……都……"和插入语"说实话"是本课的教学重点，也是本课的教学难点。

3. 说教学目标

教学内容解决了，落实到教学目标上，又是什么呢？

可以这样说：

> 本课的教学目标是：通过本课的学习，能够准确掌握与商讨旅行计划有关的5个生词的意义和用法；掌握复句"除了……都……"和插入语"说实话"的结构和功能，并完成语法练习活动；能够理解、复述并活用课文；让学生学会谈论旅行计划。

到这里就可以了，如果想锦上添花，还可以加上："营造良好的学习环境，鼓励学生参与课堂互动，培养学生的合作能力；激发学生的学习兴趣。"

4. 说教学步骤和教学方法

教学步骤按照常规的四步进行：

第一，师生问好，组织教学。

第二，复习和导入。

第三，学习新课，依次讲练生词、语法，处理课文。

最后，对本节课主要内容进行小结，并布置作业。

结合本段材料，可以这样表述：

> 第一，师生问好，组织教学。
>
> 第二，对上节课的内容进行简单的复习，并通过提问："假期快到了，你们打算去旅行吗？你打算去哪儿旅行？你去过中国的哪些城市？"导入新课。
>
> 第三，学习新课，依次讲练生词、语法，处理课文。
>
> 生词讲练部分，主要采用扩展法进行操练。
>
> 教学重点和难点是复句"除了……都……"和插入语"说实话"。复句"除了……都……"先用图示法进行讲解，然后利用归纳法总结其结构，之后用情境法进行操练。插入语"说实话"，先设置情景，让学生体会其用法，然后利用问答法进行操练。
>
> 课文部分先领读再分角色朗读，通过问答的方式检查学生是否理解，然后引导学生看提示词复述课文，最后是小组活动，两人一组，

根据一份旅行社的宣传单，两人商讨旅行计划，要求使用本课的重点生词和语言点，并进行表演。

最后，对本节课主要内容进行小结，并布置作业。

三、完整的表述

现在，我们把一步一步经过分析而组织起来的语言整合到一起，就形成了下面完整的 3 分钟说课内容。

各位考官好！我现在开始说课。

根据所提供的教学材料，我将这篇课文的教学对象设定为学过六个月汉语，处于初级水平的欧美成年留学生。

本课的教学目标是：通过本课的学习，能够准确掌握与商讨旅行计划有关的 5 个生词的意义和用法；掌握复句"除了……都……"和插入语"说实话"的结构和功能，并完成语法练习活动；能够理解、复述并活用课文；让学生学会谈论旅行计划。

本课的教学内容可分为语言内容和文化内容两部分：语言内容主要包括与商讨旅行计划有关的 5 个生词，"除了……都……"和"说实话"这两个语法点，以及一篇对话体课文；文化内容主要是谈论在中国的旅行计划。其中复句"除了……都……"和插入语"说实话"是本课的教学重点，也是本课的教学难点。

本课教学内容计划用两个课时，共 100 分钟来完成。下面我来介绍一下具体的教学步骤：

第一，师生问好，组织教学。

第二，对上节课的内容进行简单的复习，并通过提问："假期快到了，你们打算去旅行吗？你打算去哪儿旅行？你去过中国的哪些城市？"导入新课。

第三，学习新课，依次讲练生词、语法，处理课文。

生词讲练部分，主要采用扩展法进行操练。

教学重点和难点是复句"除了……都……"和插入语"说实话"。复句"除了……都……"先用图示法进行讲解，然后利用归纳法总结其结构，之后用情境法进行操练。插入语"说实话"，先设置情景，让学生体会其用法，然后利用问答法进行操练。

课文部分先领读再分角色朗读,通过问答的方式检查学生是否理解,然后引导学生看提示词复述课文,最后是小组活动,两人一组,根据一份旅行社的宣传单,两人商讨旅行计划,要求使用本课的重点生词和语言点,并进行表演。

　　最后,对本节课主要内容进行小结,并布置作业。

　　说课完毕,谢谢!

第四章 试讲

上一章，大家已经了解了说课的有关内容以及说课和试讲的不同，那么试讲是什么呢？试讲应该讲什么呢？试讲时有哪些方法和技巧呢？你是不是已经等不及想知道"试讲"的那些事儿了呢？莫急莫急，本章将给你揭晓答案。

第一节 试讲概述

说课是教师对指定语言材料的教学思路进行总括性的说明和介绍，目的是试讲与说课的区别让听课人了解课程的教学对象、教学内容、教学环节、教学方法与技巧等。而试讲是在说课的基础上，选取课程中的部分内容，模拟演示课堂教学过程。说课反映了教师的语言知识和教学理论水平，而试讲则重点体现了教师在相关理论的指导下，运用各种教学方法与技巧授课的课堂实际操作能力。

简单来说，说课和试讲主要有以下两点区别：

第一，说课和试讲的对象不同。说课的对象是同行和专家，试讲的对象是学生（这个学生可能是真学生，也可能是老师们根据需要扮演的学生）。

第二，说课和试讲考察的方面不同。说课，专家想考察的是你对教学的实质性把握；试讲，是考察你的课堂表现。也就是说，说课的时候你是导演，试讲的时候你是演员。因此，说课的时候，你要像导演一样镇定、沉稳、条理清晰、有理有据；而进入试讲环节时，你要马上打好鸡血，像演员一样声情并茂、灵活应变。人生如戏，全靠演技。

> 试讲的定义
>
> 试讲和说课的区别

由于《国际中文教师证书》面试时场内无学生配合，考官亦不会"扮演"学生，因此考生在试讲时一定要避免使用叙述的方式，以免再次回到说课环节，这一点大家务必要牢记。

试讲的内容 　　那么问题来了，试讲时应该选取哪些内容呢？一篇语言材料包括语音、词汇、语法、课文、汉字等语言要素以及文化内容，因此从理论上讲，选取其中任何一部分甚至是一个环节作为试讲内容都是可以的。在《国际中文教师证书》面试时试讲的内容是可以自行选取的，但是试讲的要求是有规定的（导入、讲解、操练、活动、板书），因此如何按照规定的要求试讲所选的内容或环节才是我们应该重点关注的，正所谓"对症下药"。

语法是工具 　　在常规教学中，我们一般将词汇、语法、课文列为教学的重点内容，兼顾语音、汉字、文化等方面。同样，在试讲时，我们也优先选择词汇、语法和课文。这又是为什么呢？一方面是因为每一篇语言材料基本上都包含词汇、语法和课文部分，只是在重点上存在或多或少的区别，但是并不是每一篇语言材料都包含有语音、汉字和文化方面的重点内容。另一方面是因为词汇、语法和课文的教学环节一般都可以按照"导入、讲解、操练"的思路进行，无论考生有无教学经验，这三大板块的教学环节和步骤都更容易操作，更易于达到试讲的要求。这种舍难取易的"战术"是不是常常被我们用在考试中呢？

本章主要内容 　　但是，这不意味着词汇、语法和课文相同环节的教学方法与技巧都是一样的，由于教学内容的不同，具体的方法与技巧也存在差异。因此，本章的第二、三、四节将结合教学实例，重点对这三大板块的教学方法与技巧进行详细介绍。试讲中还包括"活动"和"板书"两大要求，第五、六节会对这两方面的相关内容进行说明，让大家对试讲有一个全方位的了解，以便顺利通过试讲。

第二节　词汇教学

一、词汇教学简介

语法是骨骼，词汇是血肉 　　众所周知，词汇、语法是语言重要的构成要素，如果把语法比作骨骼，那么词汇就是血肉。如何让外国学生的语言摆脱"骨感"，日渐"丰满"，是每位国际中文教师都会面临的挑战。词汇量以及词汇使用的准确性直接影响授课效果，所以毋庸置疑，在实际教学过程中，词汇教学的占比超过语音教学、语法教学和汉字教学，而在《国际中文教师证书》考试试讲环节，很多考生却不约而同地忽略了这一部分。

关于词汇教学，大家常常会遇到这样或者那样的问题。有的考生觉得不知道要讲哪个词，万一挑的词汇不合适，讲错了怎么办？有的考生觉得词汇教学是很重要，但是不知道怎么下手，不知道怎么从课堂寒暄导入词汇讲解，也不知道具体应该怎么讲解，是不是读一读就好了呢？还有的考生觉得词汇教学不像语法，跟文章衔接得那么清楚和紧密，所以不知道讲了词汇之后怎么再讲到语法和课文。还有一些考生认为词汇教学没有语法教学重要，没有什么亮点，所以面试的时候很难"俘获"考官的心，也很难取得较高的成绩。

> 面试中关于词汇教学的误区

那么，我们在试讲环节到底要不要进行词汇的讲解呢？首先，一节优秀而又完整的汉语课一定不能缺少词汇教学。其次，词汇教学和语法教学一样，都是展示教学基本功的重要途径，如果使用的方法得当而且新颖，也是非常容易吸引考官眼球并且能拿到较高分数的。最后，词汇教学更容易组织课堂游戏，丰富课堂活动。总之，在面试过程中可以讲词汇，这个答案是肯定的。

拿到一篇课文以后如何快速准确地找到需要讲解的词汇，如何把握词汇讲解流程，使用什么方法进行讲解，并利用什么样的课堂游戏和活动辅助记忆和练习，这些就是本节的重点。

二、如何快速定位课文中的重点词汇

面试的课文大多出自已出版教材的原文，这就意味着每篇课文的原文一定是有题目、词汇表、语法释义、课后练习等相对完整的内容。既然有题目，那么文章一定是以题目为主题展开叙事或者对话的。那么，拿到面试题之后我们要做什么呢？

> 面试中文章多出自已出版的教材

（一）通读全篇，根据课文内容确定本篇主题

我们以考试大纲的两个样题为例：

样题一：

（玛丽来到中国朋友张梅的宿舍，张梅正在试衣服）

玛丽：张梅，你在忙什么呢？

张梅：我在试衣服呢。你看我穿这件衣服怎么样？

玛丽：太红了！我觉得旁边那件蓝色的和那件黑色的都不错。

张梅：蓝色的有点儿短。黑色的不能穿，因为明天我要去参加婚礼。

玛丽：为什么？在我们国家，穿什么颜色的都可以，只要漂亮就行。

样题二：

小王：大明，中国大使馆在哪儿？

小李：在亚非学院的西南面。

小王：大使馆南面是一个大公园，对吧？

小李：不对。公园在大使馆的北边。

小王：大使馆外面有没有公共汽车站？

小李：有。大使馆对面有一个银行，车站就在银行前头。

小王：有没有地铁站？

小李：也有。地铁站在大使馆和公园的中间。

小王：谢谢。我明天想去大使馆，还想去书店。

小李：大使馆后面就有一个书店。

小王：里面有中文书吗？

小李：有。

可将文章中重复的内容视为"主题"	这两篇文章的主题都十分清楚明了，样题一是"试衣服"，样题二是"……在哪儿"，然后通篇围绕主题展开对话。
	（二）围绕主题寻找重点词汇
找与主题有关的名词	1. 快速找到跟主题有关系的名词。比如，样题一，跟主题"试衣服"有关系的名词有"衣服、颜色、婚礼"；再看样题二，跟主题"……在哪儿"有关系的名词是以大使馆为轴心往各个方向辐射出的各种表示方位的名词和各种表示处所的名词。
动词、形容词找搭配	2. 跟名词搭配的动词、形容词。比如，样题一，跟"衣服、婚礼"搭配的动词有"穿、试、参加"；形容词有"不错、短"。样题二呢，就是可以用来表示方位和存现的"在、是、有"；还有表示意愿的"想"。如果动词涉及固定用法，这个就是课堂练习的重点，讲解和练习都要围绕搭配展开。
不建议讲副词	3. 跟动词搭配的副词。比如，样题二，跟"想"搭配的副词"还"，跟"有"搭配的副词"就"。副词修饰动词，每个副词都有自己的作用，要么表示动作的延续，要么表示动作的程度，要么只是限定动词。我们不建议面试时把副词作为重点来讲，毕竟讲清楚不容易！

4. 可能会出现近义辨析的词语或结构。比如，样题一，可以找到初级十分常见的一组近义词："能"和"可以"。样题二中出现的存现句的三种形式：A+在+B的东/西/南/北/前/后/左/右边（面）；B的东/西/南/北/前/后/左/右边（面）是A；B的东/西/南/北/前/后/左/右边（面）有A。

5. 语法点中出现的词语或结构。比如，样题一中的"有点儿+短""穿什么都可以"，样题二中的存现句。

6. 高频出现的词语。即在一篇文章中通过各种方式来重复的词。

（三）根据自己掌握的方法和所要讲解的语法点筛选词汇

如果试讲中既讲词汇又讲语法，建议筛选出两三个词语。如果只讲词汇（不建议这样做，但着实挑不出语法点或者实在不会讲解语法点，也可以只讲词汇），建议筛选出七八个词语并配合课文进行讲解。如果对文章中的语法比较有把握，并且足够讲解7分钟，那么可以放弃词汇讲解。

（四）按照逻辑关系排列筛选出的词汇

说白了，就是按照词性和词汇之间的关系来排序，具体名词一定是最容易讲解的，最好是由名词引出相应的动词或者形容词，这样从逻辑上说得通，落实起实也相对容易。

（五）练一练

1. 通读下面的文章，并按要求回答问题

宋华：林娜，你怎么样？伤得重不重？

林娜：伤得不太重。我的胳膊被撞伤了，右腿也有点儿疼。

宋华：你是怎么被撞伤的？

林娜：怎么说呢？下午我和小云看完电影，骑着自行车回学院。我们说着、笑着，往右拐的时候没有注意，撞到了车上。那辆车停在路边，司机正在从车上拿东西。

宋华：你们是怎么到医院来的？

林娜：那位司机看到我被撞伤了，就马上开着车送我们到医院。

宋华：那位司机真不错。

（1）这篇文章的主题是什么？

（2）跟主题有关系的名词有什么？

（3）跟名词搭配的动词、形容有什么？

（4）跟动词搭配的副词、介词有什么？

> 近义辨析
>
> 语法点中的词语
>
> 多次重现的词语
>
> 如何平衡词汇和语法点
>
> 按词性和词汇间的关系排序

（5）语法点中出现的词语有什么？

（6）高频出现的词语有什么？

（7）最终确定要讲的词语是什么？

（8）最终讲解的顺序是什么？

2. 通读下面的文章，并按要求回答问题

秘　　书：总裁先生，张副总来了。

总　　裁：请他进来。

张副总：总裁先生，这是公司的销售报表，请您过目。

总　　裁：今年公司新产品的销量怎么样？

张副总：开始的几个月还不错，最近销量有些下滑。

总　　裁：什么原因呢？

张副总：因为产品的宣传不够，所以销量不太好。

总　　裁：宣传方面有什么问题吗？

张副总：前期的宣传还不错，但后来资金出了些问题。

总　　裁：十点的会议上，我们讨论讨论吧。

张副总：好的。

（1）这篇文章的主题是什么？

（2）跟主题有关系的名词有什么？

（3）跟名词搭配的动词、形容词有什么？

（4）高频出现的词语有什么？

（5）最终确定要讲的词语是什么？

（6）最终讲解的顺序是什么？

三、词汇教学流程及词汇教学"黄金七法"

为什么老师们要使出浑身解数备课，在真实的课堂上要组织游戏和课堂活动，甚至有时候还要不惜"牺牲"自己，用生命演绎汉语教学？其实老师们这样做的，无非是希望通过刺激学生感官，即眼看、耳听，并辅以口述和活动等形式，让学生记住并学会如何使用这些词汇。当然这些只是途径，不管我们使用什么方法，我们都要一直秉承着汉语教学的宗旨，即"学以致用"和"为其所用"。那么就一个词语来讲，学生应该了解哪些方面才能做到使用准确无误呢？

首先，教师应该通过朗读和课堂游戏的方式让学生知道、认识并记住该词以及清楚地了解该词的意思。其次，教师要明确地告知学生该词的用法，比如，属于口语还是书面语，褒义还是贬义等等。最后，教师要清楚地介绍并让学生记住该词的搭配及如何使用。

明确了词汇教学的目的和内容以后，我们来介绍一下如何开展词汇教学以及词汇教学的基本流程。

1. 板书生词，建议一边讲一边写。

2. 朗读 / 认读生词。

请记住以下几种常用的词汇认读方式：

领读——教师先读，学生跟读；

齐读——学生一起读；

分读——指定学生来读；

点读——指定词汇来读。

3. 词汇导入。

4. 词汇讲解。

5. 词汇操练及组织课堂游戏和活动。

我们将重点介绍词汇导入和词汇教学中比较经典的 7 种方法，我们称为词汇教学"黄金七法"。不管是证书面试还是真实的课堂，一站式解决词汇教学中的所有问题，这 7 种方法的灵活运用，都会助你在成为优秀国际中文教师的道路上更进一步。

词汇教学"黄金七法"，讲解如下：

（一）实物、图片展示法

顾名思义，实物、图片展示法即通过使用实物和图片（也就是道具），让学生比较直观地了解该词的意思。说到这里想必你也一定有这样的疑惑："在真实的课堂中，我可以提前准备好道具、准备好实物、准备好图片，但是面试的时候，我不可能提前准备好这些东西，那么我具体应该怎么操作呢？"其实，这个方法面试的时候比实际教学中更容易操作，为什么呢？因为成绩来源于演技，只要涉及实物或者可以图片化的内容都可以大胆地用此方法展示。具体操作步骤如下：

1. 抬起一只手或者双手假装拿着东西。

2. 提问：（1）大家 / 同学们请看："这是什么？"

（2）大家 / 同学们请看："这是哪儿？/ 他在哪儿？"

（3）大家 / 同学们请看："他在做什么？"

（4）大家 / 同学们请看："他怎么了？"

3. 自问自答：对，这是……/ 他在……/ 他……

4. 齐读：大家一起说……

> **TIPS:** 如果加入纠正学生发音（声调、声母）的过程会有加分。

（二）自我"牺牲"法，即尽可能地使用肢体动作、表情、眼神让学生体会词语的意思

在课堂教学中，教师最闪亮的时刻永远都是自己充当"教具"的时候。我们可以用动作、表情、眼神来展示喜怒哀乐；我们可以点头 Yes 摇头 No，招手 Come 摆手 Go；我们可以爬山潜水、读书写字，更可以手舞足蹈。亦静亦动，亦正亦谐，只要我们想讲，没什么做不了的。凡是可以用肢体动作或面部表情传达词意，我们都可以使用自我"牺牲"法。具体操作步骤如下：

自我"牺牲"法操作步骤

1. 大家 / 同学们请看老师："老师在做什么？"

2. 摆出要讲的词的准确姿势。

3. 教师给出新词。

4. 教师引读："老师在……"，并示意学生补充完整。

5. 齐读 / 分读，让学生熟悉并记住这些词。

> **TIPS:** 教师使用此方法的时候一定要放得开，动作表情夸张、准确、到位，会减少误会，也会有加分。建议在考试之前多对着镜子练习，以减少自己的尴尬和不适感。

（三）图示法

通过画出有指示意义的内容来诠释词语的意思。相对于前两种方法，此方法略有难度，教师需要更准确地把握词语的意思。如果使用得法，不仅可以提高你的面试成绩，也会让别人对你的上课技能投来羡慕的目光。我们将通过案例讲解来展示具体的操作步骤：

图示法案例及操作步骤

▶ 案例 1：

离——离开　距离　离婚　A 离 B 很远 / 很近

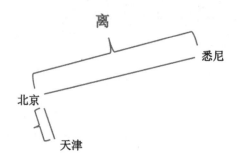

1. 提出问题：同学们，请问"离"是什么意思？
2. 给出示意，带领学生分析词的来龙去脉：大家请看北京在这儿（并用手指示），天津在这儿（也用手指示）。
3. 北京在这儿（并用手指示），悉尼在那儿（也用手指示）。
4. 已经通过提问和图示解释清楚了"离"的意思，那么直接要答案即可。好！我们说："北京离天津很近。北京离悉尼很远。"

▶ 案例2：

上/下/左/右/前/后边、右拐、楼下

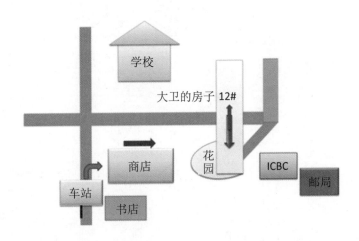

存现句图示可以先画好

讲解之前教师需要明确讲解的内容以及讲解的顺序，我们暂定：前边、右边、左边、楼下。

图示法注意事项

1. 画出明确坐标和方向或定位指示：老师在车站。
2. 给出示意：学校在哪儿？（手沿第一条路指示向上或用手臂指示向前）
3. 好/对！前面。大家一起说句子："学校在前面。"
4. 老师现在要做什么？（停留在第一个十字路口并作出向右转示意或教师举起右手）
5. 大卫说得非常好！"右拐。"
6. 现在学校在哪儿？（千万不要忘记目标人物的方向）
7. 非常好！"左边。"玛丽可以说一个句子吗？（玛丽："学校在左边。"）玛丽说得非常好！大家一起说："学校在左边。"

操练句子
辅以练习

8. 提问：马克，老师想知道学校在什么的左边？（马克："学校在老师的左边。"）
9. 教师同时写板书展示结构：A在B的前/后/左/右边。
10. 指示带着学生走到花园处（手指即可），让学生跟着老师的指示带领说出句子：大卫的家在12层。

11. 花园在哪儿？（手或指示沿楼向下）我们说"楼下"，大家可以用"A 在 B 的……"（手指到结构）一起说句子吗？非常棒！"花园在大卫家的楼下。"

▶ 案例 3：

趋向补语——常用的动词 + 来 / 去

让学生回答问题　　1. A 在二楼，B 在一楼，A 跟 B 说什么？（同时做出"上来"的手势）对，我听见玛丽说："A 跟 B 说：你上来！"

2. B 跟 A 说什么？（同时做出"下来"的手势）哪位同学知道？

不要忘记鼓励　　3. 麦克说："不！你下来！"麦克说得非常好啊！

4. 我们看，然后 B 做了什么？

可以设置疑问　　5. 我听见有人说："上来了！"这个对吗？

6. 好，大卫说了："B 上去了！"这个特别对啊！

别忘了大家一起说　　7. 大家再一起说一遍："B 上去了！"非常好啊！

> TIPS：使用图示法一定要标示清楚，并且一定要告知清楚人物的方位及朝向。

（四）数学、符号法

通过数学方法和一些常用的符号来解释相关词语，常用的符号有：kg、¥、km、℃、♪、√、×、（）、＋、－、＝、≥、？等等。只要是跟计量单位、数字变化等有关系的词语都可以使用此方法。

▶ 案例：

至少——我们需要≥3个人。→我们需要至少三个人。

比——草莓20¥/kg，苹果15¥/kg，草莓比苹果贵。

冷——哈尔滨-30℃，哈尔滨很冷。

只有——只有D不对，其他人都对。

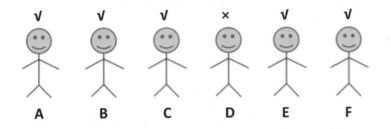

越来越——从3月到6月，温度越来越高。

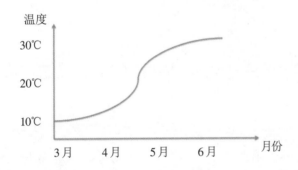

> **TIPS**：符号一定要选取国际通用的符号，借用符号表达时一定要展示清楚，确保没有歧义。

（五）直接教学法

直接教学法是比较传统的教学方法之一，即通过直接提问或者直接解释的方法让学生明白词语的意思和用法。直接教学法简单粗暴，所以对老师的语言解释能力、授课方式方法和教学技巧都有较高的要求。

直接教学法包括几种不同的具体方法。常用的有：

1. 下简单定义直接解释法——A是……

直接教学法之下定义

▲ 案例：

爱好——是你特别喜欢特别爱做的事情，比如，你特别爱看书，那么看书是你的爱好。

这里也可以加入一些引导，使用最多的是提问法，比如：大家知道什么是"爱好"吗？玛丽，你可以用汉语解释一下什么是"爱好"吗？

留学——是你去别的国家学习一段时间。

> TIPS: 下定义解释法一定要简洁明了。

直接教学法之近反义词释义

2. 近反义词释义法

▲ 案例：

特别——是非常非常非常，比如：这个东西非常非常非常好看。你可以说：特别好看。

自己——是一个人，比如：我一个人去。可以说：我自己去。

错——是不对；瘦——是不胖；郁闷——是不高兴不开心。

近反义词释义的引导方法

反义词释义的时候，常常可以对所有人进行提问，比如：你们觉得他说对了吗？玛丽说："对。"麦克说："不对。""不对"我们还可以说"错"。麦克，你可以用"错"回答吗？非常好！"我觉得他说错了！"

直接教学法之搭配释义法

3. 搭配释义法

从简单搭配或固定搭配入手，讲解搭配词组的意思，从而提炼出词语的意思。

▲ 案例：

健康——最常见搭配有"身体健康"，一个人的身体非常好，没有问题，我们可以说一个人的身体很健康。

保持——最常见的固定搭配有"保持联系"，朋友要去别的国家，你希望你们还可以一直联系，我们可以说"保持联系"。

（六）指令互动教学法

教师对学生发出指令，让学生配合指令并实施行动，尽最大可能地让学生参与教学，通过互动的过程体会并理解词语的意思。这种方法最大的好处是课堂生动有趣。

▲ 案例：

回——

让学生参与教学

1. 大卫和马克来。（老师招手示意两名学生来到教室前面）

2. 老师悄悄或手势示意一名学生回到座位。

3. 同学们请看，大卫和马克来了，然后大卫回到了座位。

4. "回"是你先从一个地方来，然后去刚才来的地方。

让—

1. "麦克，请给我一杯水。"

2. 同学们，老师做了什么？

   齐答："老师要水。"非常好！

3. "玛丽，请起立！"老师做了什么呢？

4. 大家都不知道吗？好！这个可以说："老师让玛丽起立。"

5. 同时板书：A 让 B+V

6. "老师要水"还可以怎么说呢？大家想想，然后一起说：

   "老师让麦克给她水。"大家说得非常好！

会 vs. 能—

1. 大卫来，你来写一个"人"字，好！你再写一个"大"字。

2. 你可以写一个"齉"字吗？大卫说他不知道怎么写。

3. 好！我们说："大卫会写'人'和'大'，不会写'齉'。"

4. 老师抓住大卫的手并给出指令，现在你写一个"大"字。

5. 大卫会不会写"大"？对麦克说："大卫会写这个字，但是老师拿着他的手，现在他不能写字。"

6. 大家明白"会"和"能"了吗？

> **TIPS：**教师应深刻了解词语的意思，这样才能给出清楚的互动指令。

直接体会词语意思

（七）情境教学法

教师描述一个准确的场景，让学生通过对场景的熟悉了解从而猜出词语的意思。这个方法对老师的要求相对较高：给出的场景要常见；描述场景的用语要简单；要确保描述的过程中有且只有一个生词，即目标词。不过这也是教学方法中最有意思的方法，整个过程操作起来类似于游戏"你说我猜"。

情境法的要求

▶ 案例：

懂—你们听老师说，老师说得很慢，你们知道所有的词，你们知道老师的意思，然后你们可以说：我们听 ? 了。

热闹—在中国，春节的时候，所有人都回家过年，所以每个家庭都很 ? 。

影响——孩子不喜欢看书，但是妈妈每天晚上都在她旁边看书，孩子看见妈妈看书，所以孩子也开始看书。我们说：妈妈可以 ? 孩子。

至此 7 种方法已经全部介绍完毕。在试讲环节，尽量不要使用单一的方法，甚至一个词语都要结合几种方法来诠释，这样才能在面试中取得较好的成绩，也可以在实际的课堂教学中赢得更多学生的喜爱。

> 面试建议：多种方法一起使用

四、如何操练词汇以及针对词汇组织课堂游戏和活动

"为其所用"和"学以致用"是不是还在脑海中没有忘记呢？千万要记住，在一节课中，教师应该尽量多给学生提供高频高效使用生词的机会，所以词汇的操练以及有效的课堂游戏和活动就成了课堂教学中最重要的环节之一。

组织课堂游戏的主要目的是让学生记住生词，操练和活动的目的是让学生使用生词。下面给大家分享一些常用的课堂游戏，可在面试的过程中酌情使用。

> 组织课堂游戏和活动的目的

（一）拍的就是你

在通过跟读、领读、齐读等方式让学生熟悉生词以后，教师把准备好的生词卡或者是相应生词的图片贴在黑板上，让学生站到黑板前，其他学生在座位上喊出生语，黑板前的学生迅速找到并拍打该词语。这个游戏也可以分成两组采用竞赛的形式进行，看谁找得又对又快，还可以采用升级版，拍打相应词语并使用该词语造句。

> 常用的课堂游戏

（二）你说我猜

教师指定一名学生到教室前面，面向同学。教师把准备好的生词卡或者相应生词的图片偷偷展示给该学生。该学生可以使用表演或者描述的方式让其他同学猜出该词。

（三）正话反说

教师把学生分成若干组。教师说出一个词，学生要快速大声地说出这个词的反义词。比如：老师说"大"，学生应该说"小"，老师说"大方"，那么学生应该说"小气"等。如果说对了，该组加一分；如果说错了，该组扣一分。

（四）你说我做

把学生邀请到教室前面，老师或者其他学生发出指令，教室前的学生根据指令完成相应的动作。这个游戏比较适合练习跟身体有关的名词，

如"眼睛、耳朵、鼻子、手"等；当然也可以用于练习教室里物品的名称，大部分具体的动作行为和方位词等。

（五）对对碰

这个游戏主要是为了检查学生是否准确记住了一些词语以及相应的搭配。比如：老师说"听"，学生可以说"音乐""歌""故事"；老师说"风景"，学生可以说"漂亮""优美"。这个游戏比较适合练习动词与名词、名词与形容词的搭配。

（六）找朋友

教师把准备好的生词卡或者是相应生词的图片发给学生，学生依次通过情景描述词语的意思，其他学生猜词，如果觉得自己手里的词和所描述的词一样，则喊出："我是你的好朋友。"教师核实，如果正确，记一个好朋友，学生说出自己卡片上的生词并造句。最后看谁找到的朋友最多。

教师使出浑身解数让学生通过各种各样的方式记住了本节课的生词以后，需要引导学生使用这些词语。在大部分课堂上，教师最习惯用的操练方法是造句法，可能有学生不喜欢这样的方法，那么教师就需要通过"半句提示"的方法鼓励学生完成句子。任务教学法一直以来都是非常受教师和学生欢迎的方法，具体的操作即"Role Play"——真实情景还原演示法。教师根据所学内容，给每个学生设定角色和任务。在演示的过程中，学生必须要使用所学的词语来完成规定的任务。还有讲故事法。Role Play 是通过学生之间的配合和互动来完成的，那么讲故事法主要是以学生陈述为主，教师把词语分配给学生，让学生用这些词编一个故事并讲给大家听。

词汇操练之"造句"法

词汇操练之 Role Play

词汇操练之讲故事法

词汇操练方法怎么落实

造句法是可以贯穿课堂始终的；Role Play 主要是当堂学习生词以后进行练习；为了节省课堂时间，讲故事法通常是以作业的形式来实现，第二节课再来展示和检查。除了专项练习以外，教师更应该对学生们已掌握的词汇有比较清楚的了解，在课堂或者平时的对话当中，有意识地引导学生使用，以加深印象。

五、如何由词汇引入语法和课文

词汇教学只是课堂教学环节中的重要部分之一，在完成词汇的讲解、记忆和操练之后，理所应当，教师应该进入语法和课文的讲解。如何使词汇讲解和语法讲解、课文讲解做到无缝衔接呢？

由词汇引入语法的步骤

1. 由词汇引入语法

（1）明确要讲解的语法内容；

（2）回归原文，找到原文中使用该语法的句子；

（3）在句子当中找到已经讲解的词语；

（4）用讲解的词语直接提问，引出语法。

▶ 案例：考试大纲样题

（玛丽来到中国朋友张梅的宿舍，张梅正在试衣服）

玛丽：张梅，你在忙什么呢？

张梅：我在试衣服呢。你看我穿这件衣服怎么样？

玛丽：太红了！我觉得旁边那件蓝色的和那件黑色的都不错。

张梅：蓝色的有点儿短。黑色的不能穿，因为明天我要去参加婚礼。

玛丽：为什么？在我们国家，穿什么颜色的都可以，只要漂亮就行。

（1）锁定语法内容——"什么……都……"。

（2）回归课文，找到课文中使用该语法的句子——"在我们国家，穿什么颜色的都可以"。

（3）在句子当中找到已经讲解的词语——环顾上下文或者把原文句子补充完整，即"在我们国家，穿什么颜色的衣服去参加婚礼都可以"。

（4）用讲解的词语直接提问，引出语法——在你们国家，一般穿什么颜色的衣服去参加婚礼？红色的可以吗？白色的可以吗？绿色的可以吗？好，所以"穿什么颜色的衣服都可以"，今天我们来学习"什么……都……"。

试讲时如何操作

当然，试讲的时候，如果你觉得这样引入有点儿难，那么可以使用简单直接的方法，即"大家记住这些词了吗？下面我们来学习'什么……都……'这个语法内容"。

有的考生在拿到考题以后，找不到可以讲解的语法点，或者所有的语法点都过于简单，那么最简单的解决办法就是采用讲解生词＋课文的形式来进行。

2. 由词汇引入课文

从词汇出发，引入课文的方法和引入语法的方法比较类似，所以这部分直接通过范例来进行讲解。

▶ 案例：

秘　书：总裁先生，张副总来了。

总　裁：请他进来。

张副总：总裁先生，这是公司的销售报表，请您过目。

总　　裁：今年公司新产品的销量怎么样？

张副总：开始的几个月还不错，最近销量有些下滑。

总　　裁：什么原因呢？

张副总：因为产品的宣传不够，所以销量不太好。

总　　裁：宣传方面有什么问题吗？

张副总：前期的宣传还不错，但后来资金出了些问题。

总　　裁：十点的会议上，我们讨论讨论吧。

张副总：好的。

显而易见，这篇课文并没有什么特别的语法点，而且就内容来看，是一篇商务汉语的文章。

（1）从全篇课文中选取 20%—35% 的关键句：

　　总裁先生，这是公司的销售报表，请您过目。

　　开始的几个月还不错，最近销量有些下滑。

　　因为产品的宣传不够，所以销量不太好。

（2）挑选原文句子中的关键词：销售　报表　销量　下滑　宣传

（3）就关键词提问（可以不按照课文中出现的顺序）。

操作示范：

（1）大家知道一个公司负责卖东西的部门叫什么吗？对，玛丽知道，这个部门叫"销售部"。

（2）如果经理想了解公司一年的销售情况，他会跟助理要什么？通过这个表格，他能了解公司所有的情况。这个表格我们叫"销售报表"。

（3）同学们，"销量"是什么？我们看一个产品卖出去了多少，这个就是"销量"。

（4）苹果公司一月份、二月份、三月份，电脑的销量都是500万台左右，最近两个月的销量是400万台、420万台。所以苹果电脑的销量怎么了？我们可以说"下滑"。

（5）大家讨论一下，你们觉得产品销量下滑有几个方面的原因？好，我听见大家说：宣传、资金。

（6）好，我们来看一下课文中的公司遇到了什么问题。

通过这五个方面的内容，大家对词汇教学应该有了一个初步的认识。希望大家把词汇教学看成是一件快乐的事情，多去分析，多去尝试，终会成功。

词汇导入课文的方法

第三节　语法教学

一、为什么教语法？

语法教学的定义

在国际中文教学中，什么是"语法教学"呢？语法教学是对短语、句子、语篇等组织规则的教学，目的是培养学习者正确运用这些规则组词造句、连句成篇，在交际中进行正确的表达，从而最终达到用汉语进行交际的目的。说白了，语法只是学习语言的一种"工具"而已。想要学好一门技能，我们是不是需要先教会学生怎么使用"工具"呢？

教语法的好处

教语法有利于汉语学习者又快又准地掌握汉语技能。汉语作为第二语言学习者和汉语母语者在汉语学习上，最大的不同就是获得语言的途径不同，前者是通过学习的方式，后者则是自然习得。大家只要想想自己是怎么学会母语的，又是怎么学会外语的，就能明白这个不同了。想要在相对短的时间内学会一门语言，掌握其中的语法规则并能举一反三便是其中的"捷径"。另外，学习语法有利于语言准确表达，尤其是对母语语法有别于汉语的学习者，强化语法的学习可以减少偏误的产生，提高语言输出的准确性。大家不妨回忆一下我们学英语的情况，就能明白语法教学的重要性了。

《国际中文教师证书》考试试讲的要求是"导入、讲解、操练、课堂活动、板书"等，就这一点来说，语法教学相对于语音、词汇、汉字教学而言更容易操作，更能满足试讲的要求。但是，语法只是语言学习的工具，是语言学习的"跳板"，教语法是为了提高课堂教学效率，帮助学习者更好、更快、更准地运用汉语进行交际。所以，作为教师，我们不能为了教语法而教语法，要时刻谨记把语法教学的目的落实到语言运用上，这也就是为什么《国际中文教师证书》考试试讲会提出"课堂活动"这一要求，其用意之一就是考查一名国际中文教师是否能够帮助学生"学以致用"。你是不是已经恍然大悟了呢？

二、语法教什么？

既然语法非常重要，那么教语法时应该教些什么呢？试讲都包括哪些语法点呢？其实，语法教学内容包括宏观和微观两个层面，听我们细细道来。

语法教学内容的宏观分类

在宏观层面上，语法教学内容主要包括词类、句子成分、句型和特殊句式、句类和复句五大类（具体如表1所示）。

表1 语法教学基本内容	
词类	名词、动词、形容词、数词、量词、代词、副词、介词、连词、助词、叹词、拟声词
句子成分	主语、谓语、宾语、定语、状语、补语、中心语、插入语
句型和特殊句式	主谓句、非主谓句、主谓谓语句、"把"字句、被动句、连谓句、兼语句、双宾句、存现句、比较句
句类	陈述句、疑问句、祈使句、感叹句
复句	联合复句（并列/顺承/解说/选择/递进）、偏正复句（条件/假设/因果/目的/转折）

补语类型

单句句法

语法分类

在不同的教学阶段，语法教学的内容也是不同的。《国际汉语教学通用课程大纲》按照中文水平等级的高低对语法教学内容进行了大致的分类。从中我们可以看出，语法教学的主要内容集中在初级阶段，而中高级阶段的语法教学内容多以副词、介词等虚词及复句为主。

根据历年考生的回忆，我们同样发现《国际中文教师证书》的试讲材料中也多以初级阶段的语法项目为主（具体如表2所示）。所以无论是在实际的教学中，还是参加《国际中文教师证书》面试，我们都要对初级阶段的语法内容给予足够的重视，同时也要对于中高级阶段的虚词和复句教学做到心中有数。

试讲真题总结

表2 《国际中文教师证书》试讲常考语法项目（初级）	
词类	动词重叠（试一试）、能愿动词（能/会）、语气助词（了）、"的"字短语（玛丽的/我的）、动量词（一下）、动态助词（着/了/过）、疑问代词表示任指（你吃什么我就吃什么）、固定短语（怪不得）
句子成分	结果补语（完/好/到/懂/会）、程度补语（说得很流利/高兴极了）、情态补语（累得满头大汗）、趋向补语（走进/拿出来）、可能补语（看得见/听不清楚）
句型和特殊句式	形容词谓语句、名词谓语句、否定句（不/没）、连动句、双宾句（给/送/找/借）、兼语句（请/叫/让/派）、比较句（他比我高/这件跟那件一样漂亮）、存在句（在/有/是/V着）、"把"字句（在/到/给）、被动句（被/叫/让） 又……又……、"是……的"句、要/就要/快要/快……了

	续表
句类	正反疑问句、选择疑问句
复句	因为……所以……、虽然……但是/可是……、先……再……、有的……有的……、越……越……、如果/要是……就……、不但/不仅……而且/还……、只要……就……、只有……才……

<small>语法教学内容的微观解析</small>

在微观层面上，语法教学内容主要是指具体的一个语法项目所包含的讲练内容——结构、语义和语用。比如说"把"字句"我把行李放在机场了"，它的结构形式是"主语+把+宾语+动词+补充成分"，其典型的语义特征是主语通过某种动作行为使人或者事物发生了位移或者变化，语用功能是用来表示对人或者事物的处置。但是在教学实践中，不是每一个语法项目都要讲练结构、语义和语用，这要取决于该语法项目对于汉语学习者的难点所在。以反问句"我怎么会知道"为例，结构和语义都比较容易掌握，但是如果不能明白其表示对听话人的不满和反感的语用特征，那就很可能出现偏误。这就启发我们，在准备《国际中文教师证书》试讲时要注意对每一个语法项目的结构、语义和语用进行分析，确定出教学的重点难点，不要胡子眉毛一把抓，要做到有的放矢。大家对这个"具体问题具体分析"的哲学常识是不是都了然于心呢？

三、怎么定位语法点？

语法点的定位是指确定出一篇教学材料中的语法教学重点和难点。面试只提供一篇教学材料，无任何语法注释等信息，需要考生从中选择所要试讲的内容。而参加面试的考生往往会因为不知道选择什么语言点进行试讲而束手无策。所以如果考生想要试讲语法点，首先需要对语法点进行准确定位，即在较短的时间内判断出语法教学重点和难点。那么问题来了，应该如何定位语法点才能不偏不倚正中靶心呢？作为国际中文教师的我，常常用以下两种方法定位语法点：

<small>语法点定位方法一：看功能</small>

第一，看功能。所谓"功能"是指一篇语言材料或者一个语言点对于学习者的作用，也就是说学习者学了某篇语言材料或者某个语言点可以做什么。如果一个语言点的功能和其所在的语言材料的功能一致，那么一般情况下，我们就可以把这个语言点确定为教学重点。例如：

教学材料1：

小王：大明，中国大使馆在哪儿？

小李：在亚非学院的西南面。

小王：大使馆南面是一个大公园，对吧？

小李：不对。公园在大使馆的北边。

小王：大使馆外面有没有公共汽车站？

小李：有。大使馆对面有一个银行，车站就在银行前头。

小王：有没有地铁站？

小李：也有。地铁站在大使馆和公园的中间。

小王：谢谢。我明天想去大使馆，还想去书店。

小李：大使馆后面就有一个书店。

小王：里面有中文书吗？

小李：有。

（节选自考试大纲面试样卷）

教学材料1的主要功能就是描述人或者事物的位置关系，而材料中出现的"A+在+B+方位""A+方位+有+B""A+方位+是+B"就是用来描述位置关系的，语言材料的功能和语言点的功能就对上了，因此上述三种句型就是该语言材料的语法教学重点，可以作为试讲内容。

教学材料2：

玛丽：你看过京剧吗？

山本：看过一次。

玛丽：看得懂吗？

山本：看得懂，但是听不懂。看了演出能猜得出大概的意思。

玛丽：我也是，一点儿也听不懂演员唱的是什么，只是觉得很热闹。

山本：那你怎么这么喜欢京剧呢？

玛丽：我受中文老师的影响，他是一个京剧迷。

山本：要是有时间的话，我们一起去看一次，好吗？

玛丽：好啊。

（改编自《汉语教程（修订本）》第二册下第15课）

在教学材料2中，山本和玛丽讨论关于京剧的问题，他们最关心的就是听得懂听不懂、看得懂看不懂京剧，所以该语言材料的主要功能就是对于可能性的表达。而在表达可能性这一语言功能时，最常用的语法项目就是可能补语。材料中出现的可能补语"V+得+结果""V+不+结果"和材料的表达功能又能对上，因此可能补语就是上述教学材料的语法教学重点。

语法点定位方法二：
看频率

第二，看频率。这里的"频率"指的是某一个语法点在一篇语言材料中出现的次数，出现次数越多的语法点一般就是该语言材料的语法教学重点，可以作为试讲的内容。这是为什么呢？主要是因为教材编者一般对于重点内容不会只强调一次，而是通过反复呈现的方式以突显重点内容。所以这种方法适用于包含多个语法点的语言材料。例如：

教学材料3：

张教授：你们来了！欢迎，欢迎！快请进。
林　娜：张教授，这是给您的花儿。
张教授：谢谢。你们太客气了。请坐，喝点儿什么？
林　娜：喝茶吧。您的书房很有特色：墙上挂着中国字画，书架上放着这么多古书，桌上放着文房四宝，外边还整整齐齐地摆着这么多花儿，还有盆景呢。这些花儿真漂亮，都是您种的吗？
张教授：不，都是买的。不过它们在我这儿长得越来越好，现在也开花儿了。
丁力波：这叫君子兰吧？长长的绿叶，红红的花儿，真好看。

（节选自《新实用汉语课本3》第29课）

材料3中出现了多个语法点，包括存现句"地方+V+着+东西""越来越+Adj."以及单音节形容词重叠"AA（长长、红红）"。其中存现句出现的频率最高，所以存现句肯定是教学重点，也是我们试讲时的首选内容。

教学材料4：

（玛丽来到中国朋友张梅的宿舍，张梅正在试衣服）
玛丽：张梅，你在忙什么呢？
张梅：我在试衣服呢。你看我穿这件衣服怎么样？
玛丽：太红了！我觉得旁边那件蓝色的和那件黑色的都不错。
张梅：蓝色的有点儿短。黑色的不能穿，因为明天我要去参加婚礼。
玛丽：为什么？在我们国家，穿什么颜色的都可以，只要漂亮就行。

（节选自考试大纲面试样卷）

材料4中出现的语法点有"在……呢"、"有点儿+Adj."、"的"字短语、"只要……就行/可以"。这些语法点和语言材料的难度相当，处于同一教学阶段，都可以作为语法教学的重点。其中"的"字短语出现了5次，频率最高，所以我们可以把"的"字短语作为试讲的首选内容。

就《国际中文教师证书》考试试讲而言，如果一篇教学材料中出现的若干个语法点和整篇教学材料处于同一水平层次，这些语法点都可以作为试讲内容。但是我们之所以优先选择出现频率最高的语法点，主要是为了"契合"考官的心理。因为如果我们选择出现频率比较低的语法点，考官有可能会因为我们的"避重就轻"而降低评分，但是如果我们选择出现频率最高的语法点，至少能够保证不会在"避重就轻"问题上失分。

优先选择高频语法点

在定位语法点时，看功能和看频率有时也可以结合起来使用，两者联系紧密，相辅相成。比如教学材料4，整个语言材料的功能是挑选东西，在挑选东西的时候，我们常常参考它的功能、颜色、大小等等，这就不可避免地会用到"的"字短语，因为"的"字短语本身的功能就是表达人或者事物的种类，所以语言材料中多次呈现这一语法点。

功能与频率相结合

当然，这两种方式也不是万能的，不是所有的语言材料都可以用这两种方式定位语法点。对于参加《国际中文教师证书》面试的考生而言，多参考一些汉语教材，熟悉语言材料的难度以及语法点的大纲顺序，再结合看功能和看频率两种方式，不仅对于考试有帮助，更有利于今后的教学实践。

四、怎么教语法？

语法教学的环节一般分三步走：导入、讲解、操练。这和《国际中文教师证书》试讲要求比较符合。那么问题来了，应该怎么导入、讲解、操练语法点呢？在说课部分，大家对这三个教学环节的基本教学方法已经有了一些了解，这里我们将结合具体的教学实例，通过展示教学过程，帮助大家进一步熟悉和掌握其中的教学方法和技巧。试讲，我们是认真的，你准备好了吗？

导入、讲解、操练

1. 怎么导入语法点？

导入，顾名思义"引导进入"，"引导"是方式，"进入"是目的，是将语言点使用的典型语境以真实自然的方式展示给学生，并配合典型例句，使学生在此过程中体会句子的意思，了解句子的句法和语用特征。例如导入存现句（如"墙上挂着一张地图"）：

实例展示"导入"

师：大家看，我们教室里有什么东西？
生：地图、桌子、照片、书、本子……
师：很好！教室的墙上呢？
生：教室的墙上有地图。
师：地图放在墙上吗？
生：不是，地图挂在墙上。
师：非常好！有多少张地图呢？
生：一张地图。
师：因为地图挂了以后一直在墙上，所以我们可以说"墙上挂着一张地图"。（板书例句）
师：这就是我们今天要学习的语法"地方+V+着+数量+东西"。（板书结构）

导入不仅是为了帮助学生了解语法点，也是为语法点的讲解和操练做铺垫。那么语法点的导入有哪些方法与技巧呢？

（1）实物法

实物法指利用生活中的实物导入语法点，比如用日历、时钟导入时间表达，用学生不熟悉但是感兴趣的东西（驴打滚）导入动词重叠，用两个苹果导入比较句等等。

例1：时间表达

实物法举例

（教师提前准备一个时钟）
师：大家说，我们早上什么时候上课？
生：我们早上九点上课。
师：很好！这是九点。（把钟表拨到九点钟，并板书）
师：（把钟表拨到九点一刻）那这是几点呢？
生：九点十五分。
师：对。我们也可以说"九点一刻"。（板书）
（把钟表拨到九点半）那这又是几点呢？
生：九点三十分。
师：非常好！我们也可以说"九点半"。（板书）
（把钟表拨到九点五十）这是几点呢？
生：九点五十分。
师：很好！我们也可以说"差十分十点"。（板书）
这就是我们今天要学习的语法。

例2：动词重叠（如"试一试"）

（教师提前准备一盒驴打滚）

师：大家来看，这是什么东西？

生：不知道。

师：请大家看一看。（板书"看一看"）
　　你们知道吗？

生：我们不知道。

师：请大家尝一尝。（板书"尝一尝"）
　　你们知道吗？

生：我们不知道。

师：这是我们今天的语法"V（一）V"。（板书结构）

在试讲时，由于不知道会遇到什么题目，所以考生无法提前准备实物，因此我们建议大家把考场的纸、笔、板擦之类的东西当做教具，模拟教学。比如，教师可以拿着两张纸，画上一大一小两个苹果，问学生："请大家告诉我，哪个苹果大？左边的还是右边的？"

实物法注意事项

（2）图片法

图片法就是利用图片信息导入语法点。由于图片比较形象，容易操作，所以这种方法使用比较广泛。比如，用一张全家福导入形容词谓语句，用两三组变化图导入"越来越+Adj."，用姐姐和妹妹的照片导入比较句等等。

例1：形容词谓语句（如"他的妈妈很漂亮"）

（教师提前准备一张全家福）

师：大家来看，这是老师的全家福。

生：哇……

师：这是老师的妈妈。她怎么样？漂亮吗？

生：漂亮！

师：我们可以说"老师的妈妈很漂亮"。（板书例句）

生：（跟说）老师的妈妈很漂亮。

师：这是老师的妹妹。她怎么样？可爱吗？

生：可爱！

师：我们可以说"老师的妹妹非常可爱"。（板书例句）

生：（跟说）老师的妹妹非常可爱。

师：这是我们今天要学的语法"S + Adv. + Adj."。（板书结构）

图片法举例

例 2：越来越 +Adj.

（教师提前准备三张图片）

师：大家来看老师的照片。这是老师五岁的，这是十岁的，这是二十岁的。老师的个子变高了吗？

生：变高了。

师：我们可以说"老师的个子越来越高"。（板书例句）

生：（跟说）老师的个子越来越高。

师：大家再来看，老师变漂亮了吗？

生：变漂亮了。

师：所以我们可以说"老师越来越漂亮"。（板书例句）

生：（跟说）老师越来越漂亮。

师：这是我们今天要学的语法"S+越来越+Adj."。（板书结构）

图片法注意事项

图片法是一种非常常见的语法点导入方式，但是在利用图片法导入时，要保证图片的典型性，否则容易导致学生接收不到或者接收的信息有偏差；同时尽量不要拿班里学生的照片做比较，更不要做反面例子，比如在导入比较句时，像"麦克比汤姆帅"这样的例子最好不要出现，容易伤害学生的自尊心。另外，在试讲中没有现成的图片可供使用，有条件的考生可以画简笔画，不行可以以文代图，也就是说，在纸上写上图片的信息，比如"大苹果、小苹果""中国地图""成龙的照片"等，试讲时一边讲一边展示给考官即可。

（3）动作演示法

动作演示法举例

动作演示法是指通过教师或者学生的动作演示导入语法点。

例 1：复合趋向补语（如"走出去"）

师：大家看，老师做什么？（教师走出教室）

生：老师出去了。

师：老师怎么出去的？是跑出去吗？

生：不是，老师走出去。

师：很好，老师走出去。大家再看，老师做什么？（教师走进教室）

生：老师走进来。

师：非常好！（板书例句"老师走出去""老师走进来"）

生：（跟说）老师走出去。老师走进来。

师：这是我们今天要学的语法"V+出/进/过……+来/去"。（板书结构）

例2："把"字句（如"他把行李放在机场了"）

师：（教师指着桌子上的杯子）大家看，这是什么？

生：杯子。

师：杯子现在在哪儿？

生：杯子现在在桌子上。

师：（教师把杯子放在椅子上）杯子现在在哪儿？

生：杯子现在在椅子上。

师：很好！谁放的？

生：老师放的。

师：非常好！我们可以说"老师把杯子放在椅子上了"。

（板书例句）

生：（跟说）老师把杯子放在椅子上了。

师：（教师指着旁边的椅子）大家看，这是什么？

生：椅子。

师：椅子现在在哪儿？教室的前面还是后面？

生：椅子现在在教室的前面。

师：（教师请麦克把椅子搬到教室后面）椅子现在在哪儿？

生：椅子现在在教室的后面。

师：很好！谁搬的？

生：麦克搬的。

师：很好！我们可以说"麦克把椅子搬到教室的后面了"。

（板书例句）

生：（跟说）麦克把椅子搬到教室的后面了。

师：这就是我们今天要学的语法"S+ 把 +O+V+ 在 / 到 + 地方"。

（板书结构）

动作演示法适用于动作性比较强的语法点，动作的执行者可以是教师，也可以是学生。这种方法除了可以运用到上述两个语法点中，被动句、双宾句等语法点也可以使用。需要注意的是，在试讲时，由于考官不会配合教学，大家如果想使用动作演示法，需要自己演示动作或者假装让学生演示，而不要让考官现场演示，以免发生尴尬的情况，耽误时间，影响面试成绩。

（4）以旧带新法

以旧带新法是指通过已学的语法点引出新的语法点。比如，在导入可能补语时，可以通过复习结果补语的方式进行；在导入等比句时，可以通过复习简单比较句的方式进行等。

动作演示法注意事项

以旧带新法举例

例1：可能补语（如"我听不懂你说的话"）

师：同学们，昨天的作业做完了吗？
生：做完了。/ 没做完。
师：今天我们的作业是写一篇10万字的作文，可以做完吗？
生：不可以。
师：如果可以做完的话，我们说"做得完"。
　　不可以做完，我们就说"做不完"。（板书例句）
生：（跟说）做得完。做不完。
师：老师的话，大家可以听懂吗？
生：可以听懂。
师：所以我们可以说"听得懂"。
　　如果不可以听懂，我们要说"听不懂"。（板书例句）
生：（跟说）听得懂。听不懂。
师：很好！这是我们今天要学习的语法"V+得/不+结果"。（板书结构）

例2：等比句（如"明天和今天一样冷"）

师：大家好！今天天气怎么样？冷吗？
生：今天很冷。
师：今天是3度，昨天是4度，怎么说呢？
生：今天比昨天冷。/ 昨天没有今天冷。
师：很好！我看了一下天气预报，明天也是3度。明天冷吗？
生：明天也很冷。
师：和今天比呢？
生：一样。
师：所以我们可以说"明天和/跟今天一样冷"。（板书例句）
生：（跟说）明天和/跟今天一样冷。
师：那么今天和昨天一样冷吗？
生：不一样。
师：所以我们可以说"今天和/跟昨天不一样冷"。（板书例句）
生：（跟说）今天和/跟昨天不一样冷。
师：非常好！这是我们今天要学习的语法"A+和/跟+B+一样（+Adj.）"。（板书结构）

以旧带新法注意事项

以旧带新法在复习已学内容的同时导入新语法点，可谓是一举两得、一箭双雕。但是在使用的时候要对语法点之间的联系以及语法点的教学顺序谙熟于心，所以各位考生备考时，最好能对语法点的教学顺序做一个整体梳理，以便在试讲中得心应手、游刃有余。

（5）情景提示法

所谓"情景提示法"，顾名思义，就是利用真实情景或者创设新情景导入语法点。跟实物法、图片法等方式相比，情景提示法不需要过多地准备教具，容易操作，比较常用。

例1：是……的（如"麦克是昨天回国的"）

（利用班里最新发生的事情：麦克回国）

师：大家知道麦克去哪儿了吗？

生：他回国了。

师：他是什么时候回国的？

生：昨天。

师：很好！我们可以说"麦克是昨天回国的"。（板书例句）

生：（跟说）麦克是昨天回国的。

师：他是怎么回国的？走路吗？

生：不是，坐飞机。

师：所以我们可以说"麦克是坐飞机回国的"。（板书例句）

生：（跟说）麦克是坐飞机回国的。

师：这就是我们今天要学习的语法"S+ 是 +……+ 的"。

（板书结构）

例2：选择疑问句（如："他是美国人还是英国人？"）

（创设一个新情景：新同学来了）

师：明天，我们班要来一名新同学。

生：哇……

师：校长告诉我，可能是美国人，也可能是英国人，大家想知道他是哪国人吗？

生：想知道。

师：所以我们可以问校长："他是美国人还是英国人呢？"

（板书例句）

生：（跟说）他是美国人还是英国人呢？

师：校长还告诉我，他可能上午来，也可能下午来，大家想知道他什么时候来吗？

生：想知道。

师：所以我们可以问校长："他上午来还是下午来呢？"

（板书例句）

> 情景提示法举例

生：（跟说）他上午来还是下午来呢？

师：非常好！这就是我们今天要学习的语法："A还是B（呢）？"（板书结构）

情景提示法注意事项

除了上述两例，情景提示法还可以用在反问句以及"只要……就……""与其……不如……"等复句中。对于面试而言，这种方法比较便捷，容易上手。但是需要注意的是，在选择情景时要尽量保证情景的典型性，情景选得越典型，学生就越容易理解，语法点的引入也就越自然。

上述五种导入方式比较常见，使用率较高。当然，除此之外，还有对比法、扩展法等，考生可以根据语法点的不同特点灵活选择不同的导入方式或者是几种方式相结合，避免因为导入方式不当造成学习者理解上的偏差和混淆。同时，因为试讲时间非常有限，导入过程不能占用太多时间，所以不管使用哪种导入方式，建议大家举一两个例句即可，而且一定要简洁明了、通俗易懂、由易到难、循序渐进，进而为语法点的讲解和操练打下良好的基础。

2.怎么讲解语法点？

语法点的讲解是指在导入的基础上对语法点的结构、语义以及语用特征进行简洁明了的解释，帮助学生扫除理解上的障碍，为语法点的操练奠定基础。

讲解的内容：结构、语义、语用

所谓"结构"是指语言单位各成分的句法特征以及成分之间的句法位置关系；"语义"包括语言单位各成分的语义特征、各成分之间的语义关系以及整个语言单位的基本意义；"语用"指的是语言单位所具有的表达功能和交际用途。例如比较句"今天比昨天冷"，结构是"A+比+B+Adj."，表达的语义重点是"今天冷，昨天不太冷"，主要用来表示同类事物之间的比较。但是正如我们在"语法教什么"中所言，并不是所有的语言点的这三个方面都需要讲解。因为语言点的特点不同，学习者的语言背景、知识结构、学习风格等也不尽相同，再加上教学方法的影响，每个语言点的讲解重点也是不同的。比如："请你帮我订一个房间，只要舒服就行。"这句话中的"只要……就行/可以"在结构和语义上都不难理解，不过和表示充分条件的"只要……就……"不同，这里的"只要……就行/可以"的语用功能是用来表达说话人的要求不高，所以"只要……就行/可以"的讲解重点就是语用功能。但是这并不是说，结构和语义就可以不用讲了，而是需要一定的方法与技巧。那么讲解语法点有哪些方法与技巧呢？

一般来讲，语法点的讲解分为两步：

第一步：用公式符号法列结构。　　　　　　　　　　　　　讲解的步骤

公式符号法指通过公式和符号的形式展示语法点的特点，为结构形式的讲解奠定基础。展示语法点的结构形式是讲解的开始，同时也是导入的结果。具体如下面两例所示：　　　　　　　　　　　　　　　讲解结构

例1：被动句"S+ 被（+O）+V+ 结果"

板书：S+ 被（+O）+V+ 结果

　　　他的自行车被（小偷）偷走了。

　　　他的衣服被（雨）淋湿了。

例2：动词重叠"A（一）A""ABAB"

板书：A（一）A　　　A B A B

　　　听（一）听　　学习学习

　　　看（一）看　　休息休息

例3："有点儿+Adj.""Adj.+ 一点儿"

板书：有点儿+Adj.　　Adj.+ 一点儿

　　　　长　　　短

　　　　贵　　　便宜

第二步：用提问引导法讲结构、语义或语用功能。

例1：（承接上述被动句）

师：谁偷走了他的自行车？

生：小偷。

师：什么淋湿了他的衣服？

生：雨。

师：所以我们把"小偷"和"雨"放在"被"的前面还是后面？　　讲解结构

生：后面。

师：很好！如果我们不关心是谁做的，只关心结果，我们就不用说　　讲解语用
　　"小偷"和"雨"。那么这两个句子怎么说呢？

生：他的自行车被偷走了。/ 他的衣服被淋湿了。

师：非常好！

师：那么他今天倒霉不倒霉？　　　　　　　　　　　　　　　讲解语用

生：倒霉。

师：所以当倒霉的时候，我们可以用被动句。

讲解结构	例2：（承接上述动词重叠） 师："听一听"，我们也可以怎么说？ 生：听听。 师：非常好！那"看一看"呢？我们还可以怎么说？ 生：看看。 师：很好！可是我们可以说"学习—学习"吗？ 生：不可以。 师：非常好！所以当动词是两个字的时候会说"ABAB"。
讲解语义和语用	例3：（承接上述"有点儿+Adj.""Adj.+一点儿"） 师：有点儿长、有点儿贵，你喜欢吗？ 生：不喜欢。 师：不喜欢怎么办？你希望怎样？ 生：短一点儿、便宜一点儿。 师：非常好！所以"有点儿+Adj."表示不喜欢、不满意；"Adj.+一点儿"表示希望得到的结果。
注意事项	由于用公式符号法展示语法结构形式一目了然，所以除非需要特别注意的地方，一般情况下可以忽略对结构形式的讲解，比如对"有点儿+Adj.""Adj.+一点儿"的讲解，形容词的位置通过结构展示已经能被学生理解，所以我们的讲解重点就可以放在语义和语用功能上。 应该提醒大家的是，无论是展示语法结构还是解释语义和语用特征，都尽量避免使用"主语、兼语、介词、不定指"等语法专业术语，最大可能地使用一些通俗易懂的语言和方式。比如"连……也/都……"，其语用功能是用来形容程度之深，所以要求"连"后面的句法成分具备"极端"这一语义特征，因此我们可以结合典型例句，通过图示的方式讲解，如下所示：

总而言之，语法点的讲解，一要遵循"精讲"的原则，既要简洁明了，又要准确无误；二要做到"浅出"，汉语教学的最终目标是帮助学生掌握汉语的各项技能，不是学习语法理论，课堂教学的作用就是在各种理论的指导下通过简单易懂的形式教会学生汉语技能，所以看似"小儿科"的讲解，背后其实隐藏了教师的深厚功底。

3. 怎么操练语法点？

语法点的操练是指在讲解的基础上采用多种形式帮助学生掌握并熟练运用语法点，进而达到交际的目的。常见的语法点操练形式有替换法、变换法、句子排序法、完句法、看图说话法、情景提示法、游戏法、任务活动法等。

（1）替换法

替换法是指用给定词语替换句子中的某些部分，是课堂上一种很常见的操练形式。

例1：正在+V+呢

A：你正在做什么呢？
B：我正在<u>写作业</u>呢。

| 上课 打电话 洗衣服 |
| 吃饭 听音乐 看电影 |

例2：用"过"表达过去经历

<u>我去过内蒙古</u>。

吃	北京烤鸭
听	相声
看	武术表演

（2）变换法

变换法是指将一个句子形式变换成另外一个句子形式。如肯定句变成否定句、"把"字句变成被动句、陈述句变成疑问句、单句变成复句等。

例1：肯定句变否定句

肯定句：昨天我去长城了。
否定句：<u>昨天我没去长城。</u>

例2："把"字句变成被动句

"把"字句：麦克把手机摔坏了。
被动句：<u>手机被麦克摔坏了。</u>

例3：单句变成复句

单句：玛丽会唱歌。玛丽会跳舞。
复句：<u>玛丽不仅会唱歌，还会跳舞。</u>

（3）句子排序法

句子排序法就是对所给的词或者短语重新排序组成句子。

例1：办公室　老师　你　请　去

<u>老师请你去办公室。</u>

例2：一辆车　过来　前面　开
　　　<u>前面开过来一辆车。</u>

例3：北京　我　很好　印象　对　的
　　　<u>我对北京的印象很好。</u>

（4）完句法

完句法是指用指定的词或者短语完成句子或者对话。

例1：给出前半句，完成后半句。

　　我一回家就_____。

　　我一到电影院，电影就_____。（一……就……）

例2：给出后半句，完成前半句。

　　_____，所以我没去。（因为……所以……）

　　_____，而且他也不会做。

　　　　　　　　　　　　　　　　　（不但……而且……）

例3：完成对话。

A：来中国留学有什么好处？

B：_____。（既……又……）

（5）看图说话法

看图说话法是指用指定的表达方式描述图片。

例1：存现句（如"桌子上放着一本书。"）

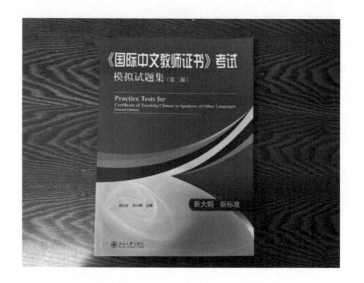

例2：连动句（如"她骑车去上班。"）

（6）情景提示法

情景提示法是指按照所给的情景用指定的语法点表达。

例1：强调句"是……的"

教师：A同学，你去过上海吗？
生A：我去过上海。
教师：你是什么时候去的？
生A：我是上个月去的。
教师：你是一个人去的吗？
生A：我不是一个人去的，我是跟B同学一起去的。
教师：B同学，你们是怎么去的？
生B：我们是坐火车去的。
……

例2：能愿动词"会"vs."能"

教师：你会开车吗？
生A：我会开车。
教师：10岁的时候你会开车吗？
生B：我不会开车。
教师：你的车一个小时能跑多远？
生C：我的车一个小时能跑80公里。
教师：如果你喝醉了还能开车吗？
学生：如果喝醉了，我就不能开车了。
……

情景提示法举例

（7）游戏法

游戏法就是通过游戏的形式帮助学生掌握和运用所学语法点，同时也起到活跃课堂气氛的作用。

游戏法举例

例1："是"字主谓句

蒙眼睛人

蒙住学生A的眼睛，指定学生B站起来，让A通过3个问题来猜B是谁，如"他是男生吗"，全班一起回答"是"或"不是"。

例2：肯定句/否定句

红绿灯

教师制作一个红灯和一个绿灯的标牌，告诉学生绿色标牌代表肯定句，红色标牌代表否定句。教师走到学生面前先给出提示词，然后举牌，让学生说句子。

（8）任务活动法

任务活动法是指让学生用学过的语法点来完成相关的交际任务。

任务活动法举例

例1：比较句

主题任务：给老师准备生日礼物

任务要求：1. 三四个学生一组，一起用"比"字句商量准备什么生日礼物。

2. 各组代表说出小组商量的过程（每个人的意见）以及最后的决定，并说出理由。

评价方式：各组投票决定送给老师什么生日礼物。

例2：有点儿 vs. 一点儿

主题任务：退换货

任务要求：1. 两个学生一组，一个是卖家，另一个是买家。

2. 买家买了一个东西（如衣服、电脑等），但是不合适，要求退货或者换货。

3. 至少说出3个不满意的理由。

检查方式：向全班同学表演，全班同学决定到底是换还是不换，退还是不退。

操练形式的三大类型

上述操练形式按照操练过程中学生表达的自由度可分为不自由练习、半自由练习以及交际练习。不自由练习的句子和词语都是既定的，学生不能自主选择，比如替换法、变换法、句子排序法等。半自由练习是通过教师设定的情景或给出的上下文让学生进行表达练习，学生表达的内容是相对开放的，比如完句法、看图说话法、情景提示法等。交际练习是通过一些交际任务的练习，让学生运用所学语法点自由表达，提高学生的语言交际能力，比如游戏法、任务活动法等。

对于参加面试的考生而言，我们需要特别提醒以下几点：

第一，备考时熟练掌握若干种操练形式。这里的"掌握"不仅仅是知道如何在实际课堂中操作运用，还能在没有任何教具的试讲中"模拟"运用。比如，采用替换法、变换法、句子排序法、完句法时以"练习题"的形式呈现；用以文代图的方式展示；用"自问自答"完成课堂互动等。

第二，试讲时选择两到三种操练形式。由于试讲的时间非常有限，再加上写板书的时间，真正留给考生试讲的时间特别紧张，所以不宜准备过多的练习形式。我们建议大家根据语法点的难易程度，选择两三种形式，每种形式两三个例句即可。

第三，试讲时注意使用必要的操练技巧，增加课堂互动。这里的"操练技巧"主要指领说和跟说相结合、齐说和独说相结合。教师领说，学生需要跟说；跟说时可以先齐说再独说，也可以先独说再齐说；同样，学生在回答教师的问题时，可以先齐说再独说，也可以先独说再齐说。教师要根据问题的难度进行适当的引导，增加师生以及生生之间的互动。

注意事项

五、语法教学应注意什么？

长期以来，在语法教学中有很多原则性的问题一直备受关注，比如精讲多练、形式与意义相结合、交际性、实用性、课堂有效性等，就《国际中文教师证书》的面试而言，语法教学需要重点注意以下几个问题：

第一，从官方的通知以及历年的面试经验中，我们了解到证书面试要求基本比较稳定，这给考生备考提供了指导方向。尽管如此，面试要求也不是一成不变，有时会根据不同情况进行或大或小的调整，因此我们建议大家无论是考前还是考中，都要认真审题，严格按照题目的要求进行试讲，做到万无一失。

认真审题
明确要求

第二，教学思路可以直观反映教师的教学理念。在语法试讲中，考生需要对语法教学的基本环节、各环节的方法与技巧了然于心，并根据试讲的具体要求进行调整。同时，各环节以及各步骤之间要衔接连贯，循序渐进。比如，操练的过程一般是从不自由到半自由再到交际性练习，这样学生可以在巩固结构和了解语义的基础上进行熟练运用。如果先行组织交际性练习，既不符合常理，也不符合学生的认知规律。所以语法教学要遵循由易到难、由简到繁、循序渐进的原则。

掌握思路
循序渐进

把握时间
控制节奏

使用外语
适度适当

年龄因素
不可忽视

第三，试讲的时间有限，考生在备考时要注意分配好各个环节的用时。在试讲中要控制好课堂节奏，语速不宜过快，也不宜过慢，适中最佳。建议大家在复习准备期间可以做几次模拟试讲，找准自己的课堂节奏，把握好时间，做到心中有数。

第四，国际中文课堂教学提倡用汉语教汉语，为学生创造一个沉浸式的语言环境。外语作为辅助教学手段，对于一些用汉语解释比较困难的问题的确有效，但是我们的原则是能用汉语解释清楚的问题不借用外语，能少说一句外语绝不多说。

第五，每一节课都有特定的教学对象，考生在说课环节一般都会说明教学对象。在试讲环节，考生需要牢记自己的教学对象，无论是课堂用词还是语气语调，都要照顾到教学对象的特点。如果教学对象是成人，教师的课堂用语不要过于幼稚化，同样，如果面对的教学对象是儿童，教师的课堂用语也不要过于成人化。总之，要符合教学对象的年龄特点。

六、语法教学实例详解

1. 语法教学实例一

教学材料：

丁立波：大为，你每天都六点起床去锻炼，现在九点一刻，你怎么还不起床？

马大为：我头疼，嗓子也疼。

丁立波：我想，你应该去医院看病。

马大为：我身体没问题，我要睡觉，不想去医院。

丁立波：你不去看病，明天你还不能上课。

马大为：好吧，我去医院。现在去还是下午去？

丁立波：当然现在去，我跟你一起去。今天天气很冷，你要多穿点儿衣服。

马大为：好的。我们坐地铁去还是打车去？

丁立波：现在堵车，坐地铁去吧，比较快。

马大为：好吧。

（改编自《新实用汉语课本1》第12课）

（1）语法点定位：选择疑问句（A 还是 B〈呢〉？）

（2）语法点分析：

结　　　构：A 还是 B（呢）？
语义和功能：在 A 和 B 中进行选择问。
典 型 例 句：他是韩国人还是日本人？
　　　　　　你喜欢喝咖啡还是茶？
　　　　　　你上午上课还是下午上课？
　　　　　　我们坐地铁去还是打车去？

（3）教学设计：

教学环节	教学方法与技巧
导入	情景提示法：我们班要来一名新同学。
讲解	展示语法结构
	说明语义、语用功能
操练	图片法（学生问老师）
	关键词提示（学生互问）
课堂活动	猜东西

（4）试讲过程：

师：同学们好！我们开始上课！　　　　　　　　　　　　　　组织教学

师：明天，我们班要来一名新同学。　　　　　　　　　　　　导入
生：哇……
师：校长告诉我，可能是美国人，也可能是英国人，大家想知道他是哪国人吗？
生：想知道。
师：所以我们可以问校长："他是美国人还是英国人呢？"（板书例句）
生：（跟说）他是美国人还是英国人呢？
师：校长还告诉我，他可能上午来，也可能下午来，大家想知道他什么时候来吗？
生：想知道。
师：所以我们可以问校长："他上午来还是下午来呢？"（板书例句）
生：（跟说）他上午来还是下午来呢？
师：非常好！这就是我们今天要学习的语法："A 还是 B（呢）？"

板书	A 还是 B（呢）？ 他是美国人还是英国人（呢）？ 他上午来还是下午来（呢）？
讲解	师：（指着板书上的问号）大家看，这些都是什么？ 生：问题。 师：很好！所以"还是"一般用在问句中。
操练1	（第一组图片：学校里面、学校外面） 师：（指着第一张图片：学校里面）大家来看，这是哪儿？ 生：我们学校。 师：很好！我们说这是"学校里面"。那么这一张呢？是学校里面吗？ （指着第二张图片：学校外面） 生：不是，是学校外面。 师：你知道老师住在哪儿吗？ 生：不知道。 师：用"A还是B（呢）？"怎么问？ 生：老师，你住在学校里面还是学校外面呢？ 师：非常好！麦克，请再说一遍。 麦克：老师，你住在学校里面还是学校外面呢？ 师：很好！我住在学校外面。 （第二组图片：公交车、地铁） 师：你知道老师怎么来上班吗？ 生：不知道。 师：用"A还是B（呢）？"怎么问？ 生：老师，你坐公交车还是坐地铁来上班？ 师：非常好！玛丽，请再说一遍。 玛丽：老师，你坐公交车还是坐地铁来上班？ 师：很好！我坐地铁来上班。 （第三组图片：上午十点、下午三点） 师：你知道老师明天什么时候有课吗？ 生：不知道。 师：用"A还是B（呢）？"怎么问？

生：你上午有课还是下午有课？

师：很好！李恩华，请再说一遍。

李恩华：老师，你上午有课还是下午有课？

师：非常好！我上午和下午都有课。

> 1. 教室、宿舍
> 2. 中国菜、韩国菜
> 3. 打球、跑步

师：琳娜，你喜欢在教室学习还是在宿舍学习？

琳娜：我喜欢在宿舍学习。

师：你用第二组词问李钟文。

琳娜：李钟文，你喜欢吃中国菜还是韩国菜？

李钟文：我喜欢吃韩国菜。

（老师用手示意李钟文问奥玛斯）

李钟文：奥玛斯，你喜欢打球还是跑步？

奥玛斯：我喜欢打球。

（依此类推，根据教师提供的关键词，学生之间互问互答）

操练2

（教师提前准备好若干种东西，如笔、书、苹果、手机、杯子、茶叶等，放在一个大箱子里）

师：同学们看，我这里有一个大箱子，箱子里有很多东西（教师把东西的名字写在黑板上）。现在我们分成三组，每组派一个代表上来，各组代表上来随便用手抓住一个东西，组内其他成员用"A还是B（呢）？"来问，代表可以回答"A""B"或者"都不是"，每组两分钟的时间，最后哪组猜对最多，哪组获胜。

师：现在老师来做，大家来看。（教师和其中的一组学生示范）

（分组进行中）

师：我们一起来看，哪一组猜对最多？

生：第二组。

师：非常好！祝贺你们！

课堂活动

师：今天我们学习的是什么？

生：A还是B（呢）？

师：很好！那么大家下课以后去食堂还是回宿舍呢？

复习总结

生：我回宿舍。/我去食堂。

（示意学生，让学生问老师）

生：老师，你去食堂还是回家？

师：我回家。

　　大家学得非常好！下课！我们明天见！

生：明天见！

2. 语法教学实例二

> **教学材料：**
>
> 大卫：今天你去哪儿了？我给你打了一个电话，可是你不在。
>
> 玛丽：我去图书馆了，在那儿看了一下午的书。
>
> 大卫：你真用功。
>
> 玛丽：快考试了，我基础不好，只好努力学习了。有事吗？
>
> 大卫：下个星期就要放假了，我们打算去旅行，你想跟我们一起去吗？
>
> 玛丽：你们打算去哪儿？
>
> 大卫：还没决定，可能去东北。
>
> 玛丽：大概什么时候出发？
>
> 大卫：可能下个周末。
>
> 玛丽：好，我考虑考虑。
>
> （节选自《博雅汉语·初级起步篇Ⅰ》第26课）

（1）语法点定位：要/就要/快要/快……了

（2）语法点分析：

　　结　　构：要/就要/快要/快……了

　　　　　　　时间词＋要/就要……了（快要/快 ×）

　　典型例句：我们要/就要/快要/快考试了。

　　　　　　　树叶要/就要/快要/快绿了。

　　　　　　　下个月我们要/就要考试了。

　　语义和功能：用来表示马上发生的事情或变化。

(3) 教学设计：

教学环节	教学方法与技巧
导入	图片法：天快要下雨了。/ 衣服快淋湿了。
讲解	展示语法结构（有时间词时的用法）
操练	选词填空
	看图说话
课堂活动	拍电影《急救病人》

(4) 试讲过程：

师：同学们好！我们开始上课。　　　　　　　　　　　　　　　　组织教学

师：（展示第一张图片）大家看，天气怎么样？　　　　　　　　　导入
生：不好。/ 马上下雨。
师：我们可以说"天快下雨了"或者"天快要下雨了"。
　　（板书例句）
生：（跟说）天快下雨了。/ 天快要下雨了。
师：（展示第二张图片）
　　下雨了，她没有伞，她的衣服淋湿了吗？
生：还没有。
师：很好，但是快了，我们可以说"她的衣服要淋湿了"或者"她的衣服就要淋湿了"。（板书例句）
生：（跟说）她的衣服要淋湿了。/ 她的衣服就要淋湿了。
师：这是我们今天要学习的语法："要/就要/快要/快……了"。
　　（板书结构）

要/就要/快要/快……了　　　　　　　　　　　　　　　　　　　板书
天快/快要下雨了。
她的衣服要/就要淋湿了。

师：我们可以说"天快下雨了"或者"天快要下雨了"，也可以说"天　　讲解
　　要下雨了"或者"天就要下雨了"。
生：（跟说）天要下雨了。/ 天就要下雨了。
师：同样，第二个句子我们还可以怎么说呢？

生：她的衣服快淋湿了。/ 她的衣服快要淋湿了。
师：非常好！课文中的大卫什么时候就要放假了？
生：下个星期。
师：所以他说"下个星期就要放假了"。（板书）
我们还可以说"下个星期要放假了"。
生：（跟说）下个星期要放假了。
师：但是我们不可以用"快"或者"快要"，因为有"下个星期"这样的时间词。

操练1

> 1. 冬天_____到了，该买羽绒服了。
> 2. 我们马上_____出发了，你准备好了吗？
> 3. 他_____成足球迷了，为了看球不吃不喝不上课。

师：同学们看，第一个句子应该怎么说呢？
生：冬天快到了。/ 冬天快要到了。……
师：麦克，请你来说。
麦克：冬天就要到了，该买羽绒服了。
师：很好！还可以怎么说，玛丽？
生：冬天要到了，该买羽绒服了。
师：非常好！四个词都可以。
师：那第二个句子呢？李钟文？
李钟文：我们马上就要出发了，你准备好了吗？
师：很好！还可以怎么说，奥玛斯？
奥玛斯：我们马上要出发了，你准备好了吗？
师：非常好！还有别的答案吗？
生：没有了。
师：太棒了！大家再看第三个。
生：……
师：很好！四个词都可以。

操练2

> 第一张图：比赛快开始了。
> 第二张图：苹果快红了。
> 第三张图：她明年就要结婚了。

师：大家再来看，用今天的语法怎么说？
生：比赛快要开始了。……
师：很好！琳娜？
琳娜：比赛马上就要开始了。
师：太棒了！大家一起说。
生：比赛马上就要开始了。
师：很好！第二张图怎么说？
生：苹果要红了。……
师：很好！山本？
山本：苹果快要红了。
师：非常好！那第三张图怎么说呢？
生：她要结婚了。……
师：什么时候？
生：明年。
师：怎么说呢？李恩才。
李恩才：她明年就要结婚了。
师：很好！一起说。
生：她明年就要结婚了。

（教师播放一段急救病人的视频）

师：同学们，我们一起拍个急救病人的电影。五个人一组，分别是病人、病人的家人、司机、医生和护士。电影分成四部分：家人打电话给医院、司机开车送病人去医院、医护抢救、病人恢复。要求大家使用今天学的"要/就要/快要/快……了"。大家先准备10分钟，10分钟以后我们开始表演，最后我们选出最好的电影作品。

（分组准备）

（10分钟后）

师：我们一起来看表演。（教师用手机拍摄）

（分组进行表演）

师：非常好！大家说哪一组最好？
生：第一组最好！
师：很好！恭喜你们！

师：今天我们学习的是"要/就要/快要/快……了"。我们什么时候期末考试？

课堂活动

复习总结

生：下个星期。

师：用"要/就要/快要/快……了"怎么说？

生：下个星期我们就要期末考试了。

师：非常好！祝大家考试顺利，取得好成绩。

生：谢谢老师。

师：不用谢！下课！我们明天见！

生：明天见！

3. 语法教学实例三

> **教学材料：**
>
> （小叶去直美的宿舍）
>
> 小叶：莉莉呢？
>
> 直美：她出去了。可能一会儿就回来。
>
> 小叶：她到哪儿去了？
>
> 直美：到书店去了。你进来等她吧。
>
> 小叶：你正在学习吧？不打扰你吗？
>
> 直美：没关系，快进屋来吧。
>
> 小叶：我给你们带来了一些水果。
>
> 直美：谢谢，你太客气了。
>
> （节选自《汉语口语速成·入门篇·下册》第24课）

（1）语法点定位：简单趋向补语

（2）语法点分析：

  结 构：S+V+来/去

       S+V+地方+（来/去）

       S+V+来/去+东西＝S+V+东西+来/去

  典型例句：他出去了。她跑来了。

       到书店去了。快进屋来。

       我给你们带来了一些水果。

  语义和功能：人或者物体移动的方向。

（3）教学设计：

教学环节	教学方法与技巧
导入	动作演示法
讲解1	"来"和"去"
操练1	看图说话
讲解2	简单趋向补语有宾语的情况
操练2	词语排序组句
课堂活动	我指你做他猜

（4）试讲过程：

师：同学们好！我们开始上课。　　　　　　　　　　　　　　　组织教学

师：同学们，老师现在在哪儿？　　　　　　　　　　　　　　　导入

生：在教室里。

师：很好！
　　（走出教室）老师做什么了？

生：老师走了。

师：我们可以说"老师出去了"。

生：（跟说）老师出去了。

师：（老师走进教室）老师做什么了？

生：老师来了。

师：我们可以说"老师进来了"。
　　（板书例句）

生：老师进来了。

师：很好！这就是我们今天要学习的语法。

　　　　　　　　　　　　　　　　　　　　　　　　　　　　　板书1
> S+V+来/去
> 老师进来了。
> 老师出去了。

这是"来"，这是"去"。（板书下列图示）　　　　　　　　　　讲解1

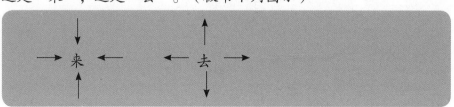

操练1	师：大家来看第一张图片，A说"你上来吧"，如果B愿意，应该说什么呢？
	生：我上去。
	师：很好！如果B不愿意呢？
	生：我不上去，你下来吧。
	师：非常好！大卫请再说一遍。
	大卫：我不上去，你下来吧。
	师：很好！我们再看第二张图片，A说"你过来吧"，如果B愿意，他应该怎么说？
	生：我过去。
	师：不愿意呢？
	生：我不过去，你过来吧。
	师：非常好！山本请再说一遍。
	山本：我不过去，你过来吧。
	师：太棒了！
讲解2	师：我们再来看，老师从哪里出去？（老师走出教室）
	生：教室。
	师：很好！所以我们可以说"老师出教室（去）了"。（板书例句）
	生：（跟说）老师出教室去了。
	师：很好！那现在呢？（老师走进教室）
	生：老师进教室（来）了。
	师：非常好！（板书例句）所以当有地方的时候，我们把它放在中间，有没有"来"和"去"都可以。"了"要放在句子最后。（板书结构"S+V+地方+〈来/去〉+了"）
	师：老师进来的时候，拿着什么？
	生：本子。
	师：对，这是大家的作业本，所以我们可以说"老师带来了作业本"，也可以说"老师带作业本来了"。（板书）"作业本"是地方吗？
	生：不是。
	师：如果不是地方，前面后面都可以。"了"可以放在"来"和"作业本"的中间，也可以放在句子最后。

> S+V+地方+(来/去)
>
> 老师出教室(去)了。　　　老师带来了作业本。
>
> 老师进教室(来)了。　　　老师带作业本来了。

板书2

---

1. 快　来　屋　进

   _____。

2. 莉莉　书店　到　了　去

   _____。

3. 我的书　带　我　来　忘了

   _____。

4. 给　我们　去　他　送　一些水果

   _____。

操练2

师：(教师展示练习)
　　我们一起来看练习题，第一个怎么说呢？
生：快进屋来。
师：很好！大卫，请再说一遍。
大卫：快进屋来。
师：非常好！第二个呢？爱丽丝？
爱丽丝：莉莉到书店去了。
师：非常好！一起说。
生：莉莉到书店去了。
师：很好！第三个呢？
生：我忘了带来我的书。
师：非常好！还可以怎么说？麦克？
麦克：我忘了带我的书来。
师：非常好！第四个呢？李恩才？
李恩才：我们给他送去一些水果。
师：很好！一起说。
生：我们给他送去一些水果。
师：非常棒！

课堂活动	（教师先准备若干句子，一个句子一张字条）

> 他上楼去了。 他过来了。 他进教室来了。 他回国了。
>
> 他带来一台电脑。 他寄来一本书。 他送给老师一个手机。

师：大家来看，老师这里有很多纸条，每张纸条上有一个句子。我们4个人一组，每组选出一个代表，随便抽，抽了之后表演，组内其他人来猜。每组3分钟，猜对最多的组获胜。现在老师来做一下。
（教师和同学做示范）
（分组、选代表）

师：大家准备好了吗？
生：准备好了
师：我们先来看第一组，第二组的代表帮忙计时间。
（各组表演）
师：哪一组最多？
生：第三组。
师：祝贺第三组！

复习总结	

师：今天我们学习的是"上去、进来、过去、送来"等。
　　我们现在在三楼，想去四楼怎么说？
生：上楼去。
师：非常好！如果去二楼呢？
生：下楼去。
师：很好！今天我们有作业，所以明天我们要……
生：明天要带来作业本。
师：非常棒！好，今天我们的课就结束了。
　　同学们，下课！明天见！
生：明天见！

第四节　如何正确处理课文

一、课文类型和处理课文的主要方法

在日常教学中，我们会发现不同水平的汉语课本会根据学生的实际情况编写不同类型的课文。比如说零基础到初级水平的课本中，课文一般都是对话体，而且课文多标注拼音。而初中级水平的课文一般就会去掉拼音，强调对汉字的认读，同时还会加上一些叙述体的副课文。到了中级水平，课文就以叙述体为主了，语体上也会逐渐从口语体过渡到书面语体，课文中会出现一些较为正式的表达方式。到了高级阶段，多数教材会选择改编一些报刊或是网络文章，甚至是直接使用名家名篇作为课文，力求让这个阶段的学生了解并逐渐掌握最标准、地道的汉语表达。当然，在证书面试中，大家拿到的材料主要还是选自或者改编自初级或者初中级教材的课文，这也与我们目前的国际中文教学形势有关。这些材料一般都不会标注拼音，多数是一个对话，即使是一个叙述体的短文，表达上也比较简单。

> 课文的类型

下面我们首先要谈一个问题，就是为什么要重视对课文的处理。首先，我们需要知道课文作为词汇及语法的载体，在汉语教学中扮演着重要的角色，发挥着关键的整合、呈现以及帮助学习者加深理解、记忆的作用。因此对于课文的处理也是汉语教学中的重要环节之一。其次，课文处理是汉语教学，特别是综合课教学环节中的重点，也就是说学完了生词和语法以后，我们需要利用课文对生词和语法进行整合，让学生在课文当中进一步理解生词和语法的意义及用法。

> 为什么要重视课文的处理

那么怎样才能处理好课文呢？应该从哪些角度，用什么样的方法去处理呢？我们首先应该有一个明确的认识，就是所谓的处理课文一定不只是读课文。在日常教学中，应该从听、说、读、写这四项基本技能的角度，细致地对每课的课文进行处理。

从听力训练的角度，首先，在讲解前可以先让学生听一遍，如果时间允许，在讲解以后，可以再听一遍。这种处理方法，好处是可以加深学生对课文的理解，也可以检查学生对词语学习的掌握情况，缺点是会占用一定的课堂时间。

> 课文处理方法之"听"课文

相对于听，课文的"说"其实更加重要。说跟读不一样，我们主要是通过让学生复述课文或是根据课文回答问题，来检查他们对生词、语法的理解。具体来说，最简单直接的方式就是老师根据课文提出一些问

> 课文处理方法之"说"课文

题，然后请学生结合课文内容或是使用规定的生词或语言点来回答。而针对中高级教材中的长篇叙述体课文，老师除了请学生复述外，还可以引导学生结合课文内容或话题进行一些讨论。

课文处理方法之"读"课文

对课文的"读"的训练，大家是最熟悉不过了。朗读课文也有一些相对灵活的处理方法。第一种就是分角色朗读。对于一个对话体的课文，老师可以根据男女学生，或者同桌的两个学生，或者任意选择两个学生扮演不同角色，对课文进行朗读。而对于叙述体的课文，除了带读和全班齐读外，也可以选择让几个同学分段读。这样可以吸引学生的注意力，学生为了避免尴尬也会认真地听前面读到了哪一部分。除这几种方法以外，为了节省课堂教学时间，我们还可以将读课文布置成课后作业。但这种方法不利于检查学生完成情况，也不利于及时纠正错误的发音。如果条件允许，可以考虑让学生录音并发给老师，老师听后再给学生反馈。

课文处理方法之"写"课文

对于课文的"写"的处理，最传统的方法自然就是抄写课文了。除此以外，老师还可以结合课文内容提出一些问题，让学生课下将答案写在本子上。在中高级阶段的教学中，对于课文还有另外三种"写"的训练，我们分别叫做转写、缩写和扩写。

这样的处理方法不只是检查学生对课文的理解，还可以考查学生的写作能力。举例来说，如果课文是一个叙述体的故事，我们就可以要求学生转写成一个对话；如果是一篇较长的课文，我们就可以要求学生将其缩写为一两百字的短文，相反，如果课文比较简短，就可以让学生加入自己的想象，将其扩写成一篇长文。最后要提醒大家的是，转写、缩写和扩写不适用于初级阶段的学生，在试讲时要根据具体的教学材料选择是否布置这样的作业。

二、试讲过程中如何处理课文

贯彻精讲多练的原则

在试讲环节，首先应该注意的是，不管是对词语、语法的操练还是对课文的处理，一定要贯彻精讲多练、讲练结合的原则。为了帮助大家理解这一原则，我们结合下面这个材料来谈。

> 安娜：山田，你昨天下午去美术馆了没有？
> 山田：我没去。
> 安娜：你原来不是打算去美术馆吗？
> 山田：我妈妈的朋友来中国了，我去陪她了。

> 安娜：你们去哪儿了？做什么了？
> 山田：我们一起去了老舍茶馆，看了话剧《雷雨》。安娜，你昨天去哪儿了？
> 安娜：我去动物园看熊猫了。听说动物园附近有一个服装市场，那儿的衣服又便宜又好看。我们约个时间一起去看看吧。
> 山田：好呀。

这个材料就是安娜和山田在谈他们的出行计划。处理课文时，我们可以先请学生读课文。在试讲过程中，具体有两种组织形式。

第一种方法，是先带读一遍，然后再提问，也可以边读边提问。

例如：

师：昨天下午山田去美术馆了吗？
生：没有。
师：请说句子。
生：他没去美术馆。
师：他以前打算去吗？
生：对，他打算去。
师：他为什么没去？
生：他妈妈的朋友来中国了。
师：他妈妈的朋友来中国，山田做什么？
生：山田陪他妈妈的朋友。
师：很好。山田陪他妈妈的朋友去哪儿了？
生：老舍茶馆。
师：请大家用"谁陪谁做什么"来说。
生：山田陪他妈妈的朋友去老舍茶馆了。
师：他们在老舍茶馆做什么了？
生：他们看了话剧《雷雨》。
师：非常好。那安娜去哪儿了？
生：安娜去动物园了。
师：安娜去动物园做什么了？
生：看熊猫。
师：请大家用"谁去哪儿做什么了"来说。
生：安娜去动物园看熊猫了。
师：好。安娜最近想去别的地方吗？她想去哪儿？
生：服装市场。
师：服装市场在哪儿？

词汇、语法与课文结合：带读提问

生：在动物园附近。

师：为什么安娜想去那儿看看？

生：她听说那儿的衣服又便宜又好看。

师：谁能用"因为……，所以……"来说？

大卫：因为服装市场的衣服又便宜又好看，所以安娜想去那儿看看。

通过这个操练的实例，我们不难发现，在根据课文内容提问时，除了检查学生是否能说出准确的答案外，还应该要求学生在回答时尽量使用完整的句子，甚至要求其使用复句进行转述。在试讲过程中也是如此，这样的一些细节能反映出一位老师的教学经验，可以给考官留下更深的印象。

词汇、语法与课文结合：活动

另外一种方法，就是结合课文内容组织一些活动。比如老师可以让学生根据课文自编对话，但是要注意先用一些问题提示学生，帮助他们拓宽思路。这篇课文主要有一些对过去时间的表述，我们可以请学生在自己的对话中体现"昨天晚上/上周，你去哪儿了/做什么了"等等。除此以外，还有发出邀请的功能句，我们也可提示学生"你想让你的朋友陪你去看电影，可以怎么说"，然后，再把学生分成两人一组，编一个对话。

对于面试中的试讲环节，一般来说，很难完全依靠处理课文来支撑7分钟，尤其是在考官不配合你提问的情况下。因此，我们在拿到材料后，最佳方式就是将词语、语法点与课文搭配来讲。

本节的最后，我们希望通过案例的方式，向大家展示如何将词汇、语法与课文结合起来，形成一个较为完整的教学过程。

思路（一）：词汇 + 课文

首先请看下面这个材料，大家可以边看边思考你会从中选出哪些值得讲练的词语。

> 今天办公室的李老师来找我。他说，电视台想请留学生去表演汉语节目，问我愿意不愿意去。我说，我不行，我汉语说得不太好，很多音发得不准，也不会表演节目。我对老师说，玛丽行，玛丽学得很好，她汉语说得很流利，还会唱京剧。听王老师说，她京剧唱得很不错，你让玛丽去吧。老师问我玛丽愿意去吗，我说，你跟她谈谈，我想她可能愿意。

在拿到材料后,有半个小时的准备时间。我们建议大家提前打个草稿。以下是根据上面材料所做的一个教学设计。当然,试卷上不需要写得那么工整、细致,写下要点即可。

我们选择两个重点词语"愿意""不错"来进行展示。词语的选择需要靠一定的经验,建议大家多看一些汉语教材,从中找到一些灵感。

---

1. 词语:愿意、不错

(1)愿意

导入:假装请一位同学唱歌,遭到拒绝。

他不想唱歌——他不愿意唱歌。(板书词语)

讲解:别的人让你做一件事,你不想做的时候,可以说"不愿意做"。

别的人让你做一件事,你也想做的时候,可以说"愿意做"。

板书: 愿意 + 做什么(VP)

张东愿意表演节目。

不愿意 + 做什么(VP)

玛丽不愿意表演节目。

操练①:带读例句。

操练②:互问:你愿意当老师吗?

操练③:讨论:毕业以后,你愿意在中国工作吗?

---

(2)不错

导入:刚才有同学说愿意当老师,觉得当老师很好。

当老师不错。

讲解:"不错"是一个形容词,意思是"很好"。

替换:张东的英语很好。

我今天心情很好。

他唱歌唱得很好。

交际:麦克,你唱歌唱得很好,对吗?

(对,我唱得不错。)

2. 处理课文

（1）齐读一遍。

（2）根据课文内容提问：

办公室的李老师为什么来找她？

她愿意去吗？为什么？

她觉得谁可以表演节目？为什么？

她觉得玛丽可以表演什么节目？

玛丽愿意去吗？

如果李老师来找你，你愿意去吗？

（3）活动：表演课文

两人一组，一个人当李老师，另一人当"我"。

有5分钟准备时间，然后到教室前表演。

思路（二）：语法+课文

除了词汇与课文相结合的形式外，还可以采用语法（语言点）与课文相结合的形式。请大家先读下面的材料，并选出这一材料中的核心语言点。

今天办公室的李老师来找我。他说，电视台想请留学生去表演汉语节目，问我愿意不愿意去。我说，我不行，我汉语说得不太好，很多音发得不准，也不会表演节目。我对老师说，玛丽行，玛丽学得很好，她汉语说得很流利，还会唱京剧。听王老师说，她京剧唱得很不错，你让玛丽去吧。老师问我玛丽愿意去吗，我说，你跟她谈谈，我想她可能愿意。

如果你接触国际中文教学的时间不长，肯定会在语言点的选择上产生这样的困惑：哪些是这一课的语法？其实，最简单的方法就是通过"复现率"进行判断。如果某一个语法点反复出现，那一般是编者有意为之。读完上面这篇材料后，我们不难发现，反复出现的语法形式是程度补语。选好之后，我们就可以进行如下的教学设计：

1. 语法： 程度补语

    S V   得   怎么样

    S＋O＋V   得   怎么样

语法导入：你会踢足球吗？

     你踢足球怎么样？

     你踢得怎么样？

     我踢得很好。

板书： 程度补语

    S V   得   怎么样

    你 踢   得   怎么样？

    我 踢   得   <u>很好</u>。

操练①：齐读例句。

操练②：你会唱歌吗？唱得怎么样？

操练③：问学生一些技能（踢足球/打篮球/唱歌……）。

板书： S V   得   怎么样

    你 踢   得   怎么样？

    我 踢   得   <u>很好</u>。

    他会踢足球，踢 得 <u>很好</u>。

    他 足球 踢 得 <u>很好</u>。

    S O V 得   怎么样？

    她 汉语 说 得   <u>很流利</u>。

2. 处理课文：

（1）齐读一遍课文。

（2）根据课文内容提问：

  办公室的李老师为什么来找她？

  她愿意去吗？为什么？

  她觉得谁可以表演节目？为什么？

  她觉得玛丽可以表演什么节目？

  玛丽愿意去吗？

  如果李老师来找你，你愿意去吗？

（3）活动：表演课文

两人一组，一个人当"李老师"，另一人当"我"。

有5分钟准备时间，然后到教室前表演。

3. 布置作业：介绍你的同屋/朋友/同学。

　　S　　O　　V　得　怎么样？

第五节　课堂活动

一、课堂活动之我见

课堂活动的分类　　课堂活动是课堂教学中的一个重要环节。在这里，我们把课堂活动简单地分为两类：一类是比较纯粹的文化推广类活动，如组织学生做中国菜、练习书法和国画或者教唱中国歌等；另一类是与语言知识技能相关的活动，比如猜词游戏、课堂辩论等。

课堂活动的设计原则　　接下来，我们谈一谈课堂活动的设计原则。在设计课堂活动的时候，应该重视如下几个原则。第一，要与学习者的文化相融合。在进行跨文化教学时，学习者的文化和目的语文化可能有一定的差异，有些活动适合中国学生，未必完全适合外国学生。第二，组织活动前应该有明确的目标。第三，课堂活动要跟教学内容相匹配。简单地说，就是不能为了活动而活动，而是要思考所组织的活动对教学内容有什么作用。第四，活动形式应该新颖有趣。所谓的新颖有趣，也要把握一个度，过于新颖，过于有趣，有的时候也不一定都有很好的效果。第五，在设计课堂活动的时候，一定要要求全员参加，不能只选两三个人，要保证公平性。第六，课堂活动的科学性与创新性要尽量统一。这个原则比较抽象，其实就是说设计活动的时候不要过于追求新颖，在创新的同时还要兼顾严谨性、科学性，活动设计出来没有可操作性也是不可取的。因此，设计课堂活动时，我们要把握一个平衡。

课堂活动的基本形式　　课堂活动的基本形式，可以简单地分成四类：第一类是模拟表演，就是我们通常所说的角色扮演；第二类是任务式的，老师在课堂上布置一个课堂任务，请学生来完成，比如说请学生来介绍，或是请学生来表演，也可以是请学生完成老师的一个指令，这些都叫做完成任务；第三类是交际互动类，老师跟学生之间或者学生之间的交际活动都可以，比如说讨论、辩论，都算是交际互动；最后一类是游戏类，游戏类的范围比较宽泛，可以做各种各样的游戏，我们在后面会有具体展示。

下面我们再来谈谈课堂活动的操作步骤。首先是设计阶段。针对本课的教学重点和难点，我们先要设计出一个整体框架，确定活动的主题和方向。接着进入准备阶段。当我们有了整体的思路后，就要考虑这个活动需要什么样的材料，比如图片啊，道具啊，等等。此外，还应该思考是否需要教室外其他人员配合，如果需要就要提前打好招呼。材料准备好之后，就是实施阶段了。这一阶段会检验我们的设计是否成功，准备是否充分。当然，活动完成后我们的工作并未结束，还要进行评价或者说评估和反思。这个阶段，要对本次活动进行得怎么样，有没有达到活动目的等方面有一个客观的评价。这个评价会帮助我们更好地设计、组织下一次活动。

课堂活动的操作步骤

在了解了课堂活动的一些基本知识后，我们来谈谈设计课堂活动的一些思路和方法。

第一种思路是角色扮演，比较简单直观。角色扮演就是模拟真实场景进行表演。根据教学材料的内容，我们可以设计情景模拟。举例来说，我们拿到的材料是一个关于买东西的对话，那么就可以请学生一个人扮演售货员，一个人扮演顾客。如果材料介绍了一个旅游景点，我们就可以请学生一个人扮演导游，一个人扮演游客。角色扮演类的活动在实际课堂教学中屡见不鲜，未必会受到学生的喜爱，但是在面试的过程中，它是一个相对稳妥的教学策略。临场时如果一时没有想到其他好方法，建议大家组织角色扮演，未必会出彩，但至少算是完成了组织课堂活动这一环节。

组织课堂活动的基本思路

第二种思路是套用生活中的一些小游戏。我们可以将平时玩的小游戏融入课堂活动中，比如说击鼓传花，组织学生发言时就可以采用，把枯燥的问答环节变得更有趣。因为教学中很多学生一遇到难回答的问题或是有挑战的任务，就会有畏难心理或试图回避。这时，我们用击鼓传花的形式，既保证了公平性，又使得参与者没办法回避，轮到谁，谁就一定要完成。再举个例子，我们还可以把一些棋牌类游戏跟语言教学结合起来，如利用扑克牌拼出自己的电话号码，抽扑克牌分组或者决定顺序等。

第三种思路比较适合词汇教学，就是我们常用的猜词游戏。在一节课讲完生词还有一点儿时间，学生比较疲惫，不想再进入课文学习时，就可以组织猜词活动。一是活跃一下气氛，二是帮助学生再次熟悉生词，加深记忆。大家在试讲时，如果选择展示词汇教学，完成几个词语练习后，就可以用这个活动来收尾。

第四种思路是语言文化组合法。如果大家面试时拿到一篇与中国传统文化相关的材料，就可以考虑结合材料中的文化内容组织一个跟文化有关的语言活动。尤其是在海外进行教学时，我们应该充分利用好外国学生对中国文化感兴趣的优势，在介绍和推广中国文化的同时，巧妙引入语言点的练习。那么具体的方式是什么呢？比如说面试时抽到了一个关于中国茶文化的材料，大家就可以模拟一次茶艺表演，一边操作一边描述。在描述过程中，可以多使用"把"字句："把杯子洗干净""把茶怎么样""把水倒出来"。这样学生在轻松有趣的文化体验中，能更自然地理解和使用"把"字句。除了茶艺，太极拳、剪纸等都可以，只要设计得当，一定能吸引学生的兴趣，达到很好的教学效果。

二、试讲时如何组织好课堂活动

> 课堂活动应放在试讲的最后一个环节

在面试的试讲过程中，建议大家把课堂活动作为最后一个环节，也就是说作为试讲的收尾环节。这样处理的好处有二：第一，有利于把控时间，剩余时间多就可以展示活动的细节，时间紧张的话简单布置活动即可；第二，如果所组织的活动新颖有趣，放在最后一个环节更容易给考官留下深刻的印象。

下面我们具体谈谈试讲过程中组织课堂活动时必须注意的几点。

> 面试时组织课堂活动的一些原则

首先，所组织的活动必须跟你试讲时抽到的材料内容密切相关，不要太过生硬，以免被考官认为是为了组织活动而组织活动。

其次，在组织活动时要注意教学语言不要过难。我们在前面讲解词语或语法点时一般会比较注意教学语言，会根据假想教学对象的实际水平进行讲解或是给出例句，可是在组织活动时往往因为注意语言的规范性而忽略这一点。举例来说，如果要组织一个小组活动，很多老师会习惯性地说"请大家两人一组……"，然而，这样的句子零起点的学生是听不懂的，因此我们应该降低语言难度，说"大家两个人一起……"即可。同理，在组织游戏时，我们会引入奖励机制以鼓励学生，但不要说"胜者将会获得奖品"，而应该说"如果你赢了，老师就会给你一个小礼物"。因此，对组织活动的语言要做一些调整，一定要简单、明了、清晰，让学生能够理解。

最后，是对时间的把控。尤其是对教学经验尚浅的老师来说，很多时候还无法精准地控制自己的节奏，因此正如前面所说，希望大家把课堂活动作为试讲环节的最后一部分，这样安排有利于更好地控制时间。如果前面进行得较快，活动环节就可以多展示一些细节。相反，若是前面讲练比较到位，那么我们简单布置活动后即可结束。建议大家最好用七分钟试讲时间中的一到两分钟来展示自己设计的课堂活动。

下面要重点给大家介绍的是面试过程当中组织活动的一些方法。实际上，与日常备课不同，我们在面试时真正准备说课和试讲的时间是相对较短的。在拿到材料后，既要组织说课的语言，又要设计好试讲重点操练的词语或者语法，还要展现组织课堂活动的能力，压力是非常大的。如何在有限的时间内设计出一个相对精彩的课堂活动呢？需要根据自身的教学经验以及对临场抽到的材料的熟悉程度，采取不同的应对策略。

先介绍一个相对简单、相对万能的方法，就是结合课文内容以角色扮演的形式组织学生读课文。如果是对话体，可以请学生直接参考课文，如果是叙述体，可以请学生将其改成一个对话。这样既可以算是课文处理，又可以说是一个角色扮演类的课堂活动，比较适合教学实践经验不足的考生。

第二个方法是根据材料中的话题，组织一个交际活动。简单地说，面试时抽到的材料一般都会有一个比较鲜明的主题或话题，常与生活中的衣食住行相关，比如在饭馆点菜、在商场购物或是在邮局寄信等，因此，可以结合话题组织一个情景模拟类的交际活动。当然，有经验的老师还可以将其设计成一个任务，体现任务式教学的理念。举例来说，我们拿到一个在邮局寄信的材料，那么就可以在试讲的最后一分钟布置一个任务：老师发给学生一张漂亮的明信片，要求学生下课后用汉语写上自己想说的话，然后到邮局去寄。以这样的活动作为整个试讲的收尾，应该会给考官留下不错的印象。

最后一个相对更有挑战性，就是结合试讲中重点操练的词语或者语言点，设计一个小活动或是小游戏。这样的操作方式可以说是一把双刃剑。如果设计得好，与前面操练的内容结合得紧密，过渡也很自然，那肯定会受到好评。不过一旦这个活动设计得比较牵强，组织过程中暴露了一些问题，结果也许就事与愿违了。比如，面试时拿到了关于"把"字句的材料，那么大家就可以结合上文提到的那个中国茶艺的活动，在操练以后告诉学生："老师今天想给大家介绍一下中国人怎么喝茶。"演示之后，请学生用"把"字句来描述老师的动作。但是要注意语言，引导学生输出"老师把茶杯洗干净了"时，不能说"我是怎么处理茶杯的"，而应该说"我把茶杯怎么样了"。

在本节最后，我们结合两个实例，模拟一下在试讲中如何组织课堂活动。

▶ 材料一：

冬天要来了，天气越来越冷，安娜要去买羽绒服，有的有点儿大，有的有点儿小。看到一件蓝色羽绒服，非常漂亮，可是又瘦了一点儿。最后看到一件红色的，合适极了。她一看价钱，两千块，真贵啊！

策略1：情景模拟类活动

操作方法：描述情景，然后请一位同学扮演安娜，另一位扮演服务员。

策略2：结合这篇材料中的语言点"有点儿/一点儿"做游戏

操作流程：描述情景后，由老师扮演售货员，向学生推销商品，请学生提出意见。

例：
师：你要这本词典吗？
生1：这本词典有点儿贵，有便宜一点儿的吗？
师：你要这件毛衣吗？
生2：这件毛衣有点儿长，有短一点儿的吗？
师：你要这个手机吗？
生1：这个手机有点儿小，有大一点儿的吗？

注意：由于试讲过程中考官不会配合，因此学生的回答应该由考生自己复述出来，如："很好，这个手机有点儿小，有大一点儿的吗？你说得很好。"

▶ 材料二：

秘　书：总裁，张副总来了。

总　裁：好，请他进来。

张副总：总裁，这是销售报表，请您过目。

总　裁：销量怎么样？

张副总：开始的几个月还不错，但最近销量下滑了。

总　裁：为什么？

张副总：因为产品的质量不好，所以销量下滑。

总　裁：十点的会议上我们讨论一下。

正如这篇材料，我们在面试时，也会遇到一些商务汉语教材中的课文。对于这样的课文，应该结合商务汉语的特点，组织一些更有针对性的活动，尤其应该考虑一些任务式的活动。

策略1：模拟"十点的会议"

操作流程：将学生分成几个小组，以小组为单位模拟会议，然后评比哪一组的表演最真实、合理。

例：

师：大家觉得十点的会议上，会讨论什么问题？

生：我觉得总裁可能先请张副总介绍一下最近的情况。

师：很好，还有吗？

生：我认为大家会讨论产品质量为什么不好。

师：不错，麦克，你觉得呢？

麦克：我想他们最后会讨论怎么提高产品质量。

师：大家说得都不错，请大家三个人一起开会，一个人是总裁，一个人是张副总，还有一个是产品经理。给大家10分钟准备时间，一会儿我们比一比，看看哪个组表演得好。

对于这样的材料，除了可以组织任务式的小组活动外，还可以组织演讲类的活动。

策略2：工作报告

操作流程：请学生以张副总的身份在会上做一个工作报告，介绍最近的销售情况，或者以产品经理的身份做一个报告，说明产品出现质量问题的原因。

大家在备考时可以参考上述设计活动的方法，但由于试讲材料形式多样，因此更重要的是能够在理解的基础上做到举一反三，灵活运用。

面试时组织课堂活动要灵活

第六节 板书设计

一、板书设计的基本原则

在开始本节的内容前，首先想提醒大家，由于篇幅有限，这里所指的板书设计，是国际中文教育领域的板书设计，而且更倾向于向大家展示《国际中文教师证书》面试中要向考官展示的板书设计，有别于其他学科板书设计的原则与理念。

下面我们就来谈谈在国际中文教育领域板书设计的一些基本原则。由于我们的教学对象是外国人，因此在设计板书的时候，首先要注意板书内容贵精不贵多。在课堂教学时，书写过多的汉字会给学生带来一定的阅读压力，徒增听课的疲劳感。而在证书面试过程中，展示板书的时间也是算在七分钟试讲之内的，如果写板书就花去很长时间，肯定会受到考官的质疑。其次，一定要注意思路明确，条理清晰。另外，板书中的例句和其他内容一定要简单易懂，符合学生的实际水平。很多刚接触这个行业的老师为了保证内容的正确性，喜欢直接照搬词典当中的例句。这些例句虽然用法正确，但未必完全符合学生的实际水平。因此，在设计板书的时候，一定要根据学生的实际水平做一些相应的调整。最后告诉大家，板书中的字未必要写得特别漂亮，这里的"漂亮"指的是字体漂亮。有些老师有一定书法基础，写得一手好字，不过若是字体与学生课本上的印刷体差别太大，反而会令学生产生阅读障碍。因此在写板书的过程中，需要适当改变平时的书写习惯，尤其平时习惯写连笔字的，如果你的教学对象是初、中级水平的学生，最好还是一笔一画地写。

> 贵精不贵多
>
> 思路明确
> 条理清晰
> 例句简单易懂
>
> 字迹清晰
> 一笔一画

二、板书设计的类型

下面向大家简单展示一些常用的板书类型。

（一）对比类

> 用于语言点或词语辨析

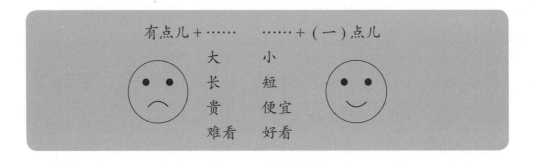

这一类板书常常用于语言点或词语辨析。我们找出一组或几组词语进行对比，让学生通过观察，更加直观地了解两者之间的异同。

（二）推导类

即用已知的内容推导出新的内容，也就是我们常说的"以旧带新"。

> 今天比昨天冷。
> ↓
> 昨天没有今天冷。

用于以旧带新

比如说，上一节课我们学了"比"字句的肯定形式，这一节要学习否定形式。我们就可以采用关联推导式的板书，通过对学生已知的内容进行延伸，让学生将已经学过的内容与新内容联系起来，以降低理解的难度。

（三）图表类

这种设计特别适用于展示用法比较复杂的词语或语言点，或者用于对比一组词或语言点之间的异同。比如说"觉得"和"以为"这两个词，学生常常会产生疑惑，想知道语义和用法上有什么区别，这个时候老师就可以通过一个图表来向学生展示。

词语	相同	不同	例句
觉得			
以为			

用于展示复杂的词语或语言点

这样的板书条理清晰，一目了然，省去了大量的讲解时间。

（四）思路梳理类

板书不仅可以帮助学生更好地理解词语和语言点，而且也能起到帮助学生理解课文的作用。当我们讲解一个故事性的课文时，可以通过板书提取课文的时空线索。

在中高级口语上，我们常常会讨论某一个话题。这时候，老师需要帮助学生进行逻辑上的梳理。这就需要用到思路梳理类的板书。比如当我们讨论"年轻人过度使用手机"这一话题时，老师就可以通过板书首先展示出使用手机的利弊，然后再在旁边给出表达时可以用到的语言结构。比如"首先、其次、然后……"等。

用于展示逻辑顺序

```
观点：    我认为……        利              弊
理由：    首先/第一，      开阔视野        视力下降
          其次/第二，      增长见识        耽误学习
          然后/第三，      娱乐身心        负面影响
                                          （色情、暴力等）
          此外，           学习知识        性格孤僻
          总之……
```

这种思路梳理类的板书中既有对内容的梳理，又有组织语言时结构方面的提示，有利于学生更好地进行具有逻辑性的成段表达。

三、试讲过程中如何设计板书

前面我们谈了板书设计的基本思路，在试讲过程中，还有一些值得注意的事项需要提醒大家。

词语的板书规范

首先是词语的板书规范。比如说，我们要对某个词语进行重点讲解和操练，在导入环节后就要在板书上写出这个词语。因为试讲时要写的内容不多，大家可以写得稍微大一些，一定要一笔一画地写。如果是初中级水平，建议大家在词语上边标注拼音。需要注意的是，拼音书写要规范，如果板书中拼音出现错误，也会影响试讲成绩。写好以后，最好在这个词的右边用英文符号标注一下它的词性。如：

```
              yuànyì
              愿意   v.
```

语言点的板书规范

写好这些后我们可以带读两遍，并模拟学生读的情景。之后，要在板书上展示这个词语的用法。可以先写出句式，然后在句式下面写出例句。这里需要重点提醒大家，一定要把例句中的不同成分与句式上下对齐，形式上要非常工整，这样可以起到帮助学生理解并输出的作用，试讲时也能给考官留下有教学经验的印象。

```
S      愿意   + 做什么（VP）
玛丽    愿意     表演节目。

S      不愿意 + 做什么（VP）
他     不愿意    当老师。
```

平时我们在讲解词语的时候，经常会用不同的方法来强调结构，比如在课件中使用不同的字体或颜色等。不过面试时是无法使用多媒体的，甚至也没有不同颜色的笔，在这样的情况下，建议大家通过其他方式对重点内容进行强调，比如把句式结构写得大一些，或者用下划线、分割线等符号来划分句子成分等。

强调结构

同理，在讲解语法点时，板书也应该注意层次，比如说某一个语言点可能有两种不同的层次，这时应该先写第一种，同时在下面写出例句，并进行操练。然后，我们再展示第二个层次，写出例句，并进行第二个层次的操练。

区分层次

```
1. S  V    得   ……
   你  踢   得   怎么样？
   我  踢   得   很好。

   他会踢足球，踢得很好。——他足球踢得很好。

2. S  O    V   得   ……
   你  足球  踢   得   怎么样？
   他  足球  踢   得   很好。
```

建议大家根据自身教学经验，使用固定的方式来标注词性或者重要的内容，或是用一些符号来突出主体内容。这样既达到了强调重点内容的目的，也能体现专业性，展现出基本功和教学经验。

标注重点

```
S    V     得    〈怎么样〉
你   踢    得    怎么样?
我   踢    得    很好。

他会踢足球, 踢   得    很好。
他   足球   踢   得    很好。
S    O     V    得    〈怎么样〉
她   汉语   说   得    很流利。
```

四、板书设计实例

下面,我们结合一些实例,给大家介绍一些向考官展示自己教学经验的小技巧。比如"比"字句的板书,我们就可以做一些夸张的处理,在讲到"A 比 B+ 怎么样"这个句式时,可以通过下面的形式来展示。

适当夸张,凸显主要内容

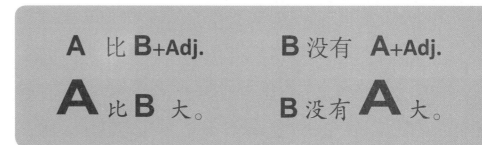

相信大家都能看出这样设计的好处,就是通过改变字号来加强学生对"比"字句语义的理解。

对于一些语义关系比较复杂的句式,为了强调施事、受事及谓语动词间的关系,也可以用导线的方式明确语义。以兼语句为例:

利用导线,明确语义关系

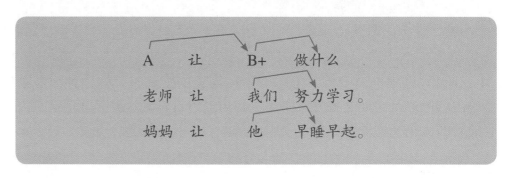

其实句式对学生来说并不难掌握,兼语句的难点主要在于语义关系方面,即"谁来做这件事"。那么结合上面这样带有导线的板书,老师就可以更加清楚地向学生展示"努力学习的人是谁""早睡早起的人是谁"。

我们还有一些经验想跟大家分享。

第一点，大家已经了解了，面试过程中试讲环节共7分钟，试讲时板书的时间也算在这7分钟内，因此建议大家不要在板书上花过长的时间，写板书要与操练结合起来，争取做到边写边讲边练。拿词语类的板书来说，可以在写好词语和词性后，先停下来带读几遍，再写用法和例句，然后进行操练。

第二点，就是在准备过程中，如果时间允许，最好简单设计一下板书的结构，比如画一张草图。在草图上体现基本的布局或是表格、导线等元素。如果准备得比较充分，试讲过程中信心会更多一些，就不会出现因为紧张而忽略重要内容的情况。

第三点，试讲的时候一定要注意动作。讲解或是操练时，动作、体态最好与板书相配合，目的是时时提醒学生注意重点，从而向考官展现自己的教学经验。

最后一点，其实前面已经提到过，就是板书中字迹一定要清晰。切记要一笔一画地书写，尤其当你拿到一篇针对初级水平的教学材料时。

试讲时板书方面的注意事项

说课、试讲
实战训练

第五章

问　答

正如我们在第一章里介绍的，整个问答环节属于面试的第四部分，包括7分钟的中文问答和6分钟的外语问答。中文问答和外语问答各需要回答两个问题，其中中文问答的第一个问题是已经出现在面试试卷中的，其他问题分别由中文考官和外语考官口述提问。

面试结构		考查内容	时间
第四部分 问答	中文问答	教学组织与课堂管理 中华文化与跨文化交际 职业道德与专业发展	7分钟
	外语问答	教学组织与课堂管理 中华文化与跨文化交际	6分钟

不管是中文问答还是外语问答，均以案例的形式呈现。这些案例多是国际中文教师在从事汉语教学过程中的真实情境的再现，根据问题的不同，又分为两大类：一类是国际中文教师在教学或海外生活中遇到了某个问题或突发事件，请你帮忙提出合理的解决方案；另一类是案例中的教师针对所遇到的问题已经进行了相关处理，请你对其处理方式进行评析。这两类问题看似不同，实则殊途同归，最终考查的都是"如果是你，你会怎么做"，也就是考查考生解决实际问题的能力。

中文问答和外语问答虽然使用的语言不同，在考查内容方面也略有差异，但整体的解题思路却是相通的，都需要"发现问题—分析问题—解决问题"的过程；同时，考查的具体内容不同，比如是课堂管理还是跨文化交际，其分析方法又有各自的特点，必须具体问题具体分析。所以本章将以内容为纲，为大家总结解题的一般思路，同时通过举例的方式，结合具体案例，帮助大家切实提高解决问题的能力。

在本章的讲述中，我们有意识地在某些词句后括注了英文。这些词句在面试中可能会用到，通过这种方式可以帮助你提高英文问答的能力。

第一节 整体思路与技巧

证书面试的问答环节采用即席回答的方式，留给考生反应和思考的时间非常有限。每个问题的回答时间在 2—3 分钟，并不算太长，因此我们的回答除了针对具体问题给出答案外，也要清晰表明我们的思路。在时间紧张的情况下，清晰、合理的思路会为我们的回答增色不少。

一、在面试官提问的同时，自己也作预判

> 根据考官的关键词，预判他会问什么

为更好地利用时间，我们必须要从一开始就集中注意力，认真听考官在说什么。但我们最好不要被动地接收，而是要跟着考官的思路走，根据他已提供部分的关键词作出预判：考官要说的可能会是个什么场景，他下面可能会提到什么、问什么。我们的思维要紧跟考官，这个过程中可能会酝酿出思路或答案，为自己赢得更多时间。

即便到头来发现自己的预判不对，也没有关系，至少可以知道我们不应该再朝那个方向去回答，这也是间接的帮助。

二、听懂问题的意思，判断问题的实质，如有疑惑，向考官确认

> 如果没听懂考官问题，一定要请求对方重复

我们听懂问题后，需要迅速判断这是哪一类问题，再做出针对性的回答。如果我们没听懂考官所提的问题，没听清某些词，或者自己还有疑问，一定要有礼貌地请考官重复，或者和他确认自己的理解对不对，千万不要怕就此"暴露"了自己没听懂，就答非所问或者放弃回答。下面的一些英文表达或许会有帮助。

I'm sorry but I'm afraid that I missed some of what you just asked. Could you please say that again?

I'm sorry but I'm wondering if you could repeat that question. Thank you.

Sorry, may I double check with you? You mean ..., don't you?

三、从自己或他人的经历中，找到相同或相似的场景

> 回忆现实中的相似场景，让考官的描述"形象化"

证书面试问答环节有不少基于案例的问题。这种情况下，我们可以快速回想自己或者他人在实际教学、生活中所经历过的相同或相似的场景，当时的经验教训可能会有助于我们的回答。

自己作为老师在课堂上所遇到过的各种状况、学生们出现过的各种

问题，甚至我们在学生时代的经历、在各种学习材料上所研究过的经典案例，都可以是我们作答的参考。

四、用突出要点和关联词的方式，增强回答的逻辑性

很现实地说，在证书面试时，我们多少会紧张，而且可供思考的时间极短，作答的时间也有限，这些都使得我们有可能不会马上就给出接近完美的答案。但是，如果我们把自己的答案大致分成几个部分或者步骤，在每个部分前加上 first of all、second、last but not least 之类的要点列举，会让我们的意思更加清晰，表达更有逻辑性。且退一步，从纯应试的角度来说，即便我们当时所作的划分并不那么严谨，但要点式的回答会显得井井有条，也可以为我们加分。

> 突出步骤和要点

如果我们在英文句子之间多用一些关联词或者连接成分作"润滑剂"，不仅可以让我们的成段表达更顺畅，也能让逻辑更清晰，为我们的回答增色。常见的关联词和连接成分包括：

> 多用关联成分

because; so; therefore

although; though; but; however; nevertheless

on one hand..., (but) on the other hand...

instead (of...); rather than

on the contrary

in this case

moreover; What's more,...

while

五、尽量多说，不要冷场

在考场上，一时半会儿想不出合适的答案，也是有可能的。但是万一出现这种情况，我们的对策就是三个字："何弃疗"。我们一定不要放弃"治疗"，即使是死马也要当成活马医。总之，就是要尽量多说，千万不要冷场。如何"没话找话"呢？至少下面有三个方法。

> "没话找话"有套路

第一，可以选择自己熟悉的，至少是可以回答的方面，尽量往考官所问的话题上靠。

第二，也可以采用套话。相信大家在备考的时候，多少都会接触到这部分的一些问答题，并自己尝试准备答案，不管是考试真题还是模

拟题。我们在回答其他问题时所采用的思路、句型其实是有可能被重复使用的。具体到"面试突然不知道说什么"的场景，这些套话也许不会让我们的回答有什么实际意义，但是聊胜于无，避免走向无话可说的那条"死路"；也许不会让我们的回答立马"活过来"，但也不会当场"死去"。

第三，自己创设一些更具体的情境，并一一回答。比如，我们被问到"某种情况下会怎么办"这类问题，而自己又发现实在没有太多可以说的，那么，我们可以把考官所说的情境进一步细化，先说这种情况可能是因为甲乙丙丁四个原因造成的，或者可能会导致子丑寅卯四个结果，又或者还可以细分成 ABCD 四类具体情况；然后再说，如果是"甲原因"，或者"子结果"，或者"A 情况"，我要如何处理，以此类推，肯定就有很多可以说的了。

在此，我们必须指出：以上只是应试的一些技巧，作为临场应急的权宜之计，在实际的生活、工作和学习中，我们必须要有虚心、严谨的精神，在平时的各种教学活动、生活事务中，不断总结经验教训，不断学习进步，这样才会越来越靠实力取胜，而不是寄希望于所谓的技巧。

第二节 "教学组织"类问答的一般思路

尽管"教学组织"所涉及的场景和问题各不相同，需要具体问题具体分析、具体处理，但是也能大致按性质划分出几类，每类都有一些共通的思路和回答策略。当然，鉴于本书的体例和篇幅，我们不可能一一罗列，更不可能穷尽，下面选择一些典型的类型，略作展开，供大家参考。

一、课程和活动设计类

1. 例题

You are about to teach Chinese in a school abroad. It will be their first time that they have had the Chinese course and you are supposed to make a plan of teaching and learning throughout the year. How are you going to do that?

2. 回答思路

"设计"类的问题，大致可以从三个环节来作答：分析、设计和测评调整。

分析至少包括两个部分，一是课程或者活动本身的性质，二是学生的特点。我们根据这两点，才能有针对性地进行设计。

第一环节：分析

首先，课程或者活动本身的性质包括其角色（role）、时间因素（time factor）、目的（purpose）。

所谓"角色"，在具体不同的场景中，所指代的对象也略有不同，它可以是：

（1）中文课程在当地学校教育中的地位（the position or the status of the Chinese course in the system of local schooling）；

（2）某节课（a lesson）在整个课程（the whole course）中的地位；

（3）某个课堂活动（a class activity）在一节课中作用；

（4）某次活动（event）应该发挥的作用，或者这次活动在整个汉语和中国文化推广（the promotion of the Chinese language and culture）中的地位和角色。

"时间因素"包括整体的时间长短（the length of the whole process）、频次（the frequency）以及间隔时间长短（the length of the interval）。不同的时间因素，自然要求我们要根据具体情况做出相应的考量和设计。

而"目的"肯定也是随具体场景的不同而有所不同的，有时候课程或者活动的设计是为了提高学习者某些方面实用的语言技能（to help the students develop some practical linguistic skills），为了应试（to get a good result in a certain examination），为了推介中华文化（to introduce and promote Chinese culture），还可能是为了先造势，"赚吆喝"（to catch the eye of more people or make more people be aware of our mission）。

其次，学生的特点同样也是决定课程或活动的内容与形式的关键因素（a key factor that decides on the content and form of the course/activity/event）。需要我们分析和考虑的学生特点包括：

年龄（age）——针对不同年龄段的学习者，我们要呈现的内容和形式必然也不同。

学习汉语的目的（students' purpose of learning Chinese language and/or culture）——我们的课程或活动有既定目的，同样的，学习者自己也

有自己的目的，有时候二者是同向的，有时候有差异，需要调和。

学习风格（students' learning style）——比如，有的学生习惯通过读和写来学习，有的学生更习惯听和说，还有的更擅长于从做中学；又比如，有的学生习惯于从外部通过老师的讲授来获取信息，而有的学生喜欢从内部通过自己的感悟来获取信息。

第二环节：设计

在分析完课程或者活动的性质、学生的特点之后，我们才能进入正式的"设计"环节。在这一环节，同样有我们需要遵循的原则和方法。

首先，设计从内容到形式都需要遵从整体的架构或者系统（to follow the framework or the system）。比如，中文课程的设计必须要在当地的教学大纲（syllabus/curriculum）的规定下进行，某节课也要在整个中文课程的框架下展开。

其次，我们需要设定明确的课程或者活动目标（to set learning objectives/goals/aims）。目标必须是明确的（clear/noticeable）、可实现的（realisable）和可量化的（measurable），这样才能让师生都清楚课程或者活动的要求是什么，而且可以在进行的过程中随时检查实现了多少。

再次，设计要以"输出"为导向（output-oriented）。我们无论是教汉语，还是推介中国文化，都不能局限在让学习者"知道"的层面（be confined to the level of letting the students "know"），而是要引导、帮助他们，在接收我们的输入（input）之后，理解、消化，成为自己的知识和技能，最后能够用自己的方式正确地表达出来。

此外，我还需要根据实际情况，确定配套或辅助材料（supporting materials），包括选定教材、选定场地、准备用具等。

第三环节：测评与调整

任何设计其实多少都有些"理想化"。课程或者活动设计出来之后，能不能满足实际需求，是评价设计的重要标准之一。所以，我们作为老师和设计者，应该在具体的执行和操作过程中，随时监测（monitor and assess）我们的设计，并根据实际情况及时调整，甚至重新设计（re-design）。

二、活动组织类

1. 例题

Before the Chinese New Year, you want to organise an event in your school to promote the Chinese language and culture. How would you do that?

2. 回答思路

组织活动类的问题，无论是关于课堂活动的，还是关于专题活动的，我们都可以从"活动前""活动中""活动后"三个阶段分别阐述。

（1）活动前（before the activity）

活动前需要做充分的策划安排（planning）和准备工作（preparation），如果是主题活动，可能还会涉及到向有关人员提出申请（application）。

首先，在策划安排活动时，我们需要综合考虑下面的一些因素。

主题（theme）——如果是课堂上的一个环节，那么活动主题必须和教学内容相关；如果是专题活动，我们要考虑活动主题的立意、实际价值、可操作性等。

参与者（participants）——除了学生，还可能包括社区居民、学生家长、有关领导、媒体人员等。

规模（scale）——包括预算或开销、参与人数、活动面积等。

目标（objective）——如果是课堂环节，活动目标需要跟整节课的教学目标相一致；如果是专题活动，要根据具体情况而定。

内容和形式（content and form）——活动的具体内容是核心（the core/the key part/the center），形式只是核心内容的呈现方法（a way of presentation）。相同的内容可以有不同的表现形式，比如角色扮演、分组比赛、工作坊、出游等（role-play, group competition, workshop, excursion, etc）。

安全（safety）——活动的场地、使用的器具、跑跳等相对剧烈的运动等，都有潜在的安全问题。作为活动的组织者，需要有具体的方法来避险。

其次是申请环节。如果是课堂教学某个环节的活动，或者是学校交给我们任务去组织某个活动，自然无需这一步，但如果是我们自己主动想做成一个活动，就必须向有关人员提出申请。

在流程上，我们把"申请"放在了"策划"之后，是因为在向有关人员提出申请时，不可能简单一句话说：我们申请开展某某活动。如果我们自己都没有具体的策划方案，又如何打动有关人员，让他批准呢？

我们需要提前一定的时间告知有关人员我们的策划（planning）、活动能带来的利益（the benefit that the activity/event may bring with）、我们作为组织者能做的（what we can do as the organisers）和已做的（what we have done）以及需要的支持（the support we need）等，这样他们才

能有足够的时间判断我们策划的活动是否值得开展、是否可以有条不紊地开展。

> 做好充分准备

活动前的准备同样关乎活动的质量，包括装备器材（equipment）、场地（venue）、外联（contacting people）、邀请（inviting）等，无不需要认真准备。

（2）活动中（during the activity）

> 教师通过展开、监控，确保活动达到预定目标

活动中的主体当然是参与者。我们的活动是为教学和文化推广服务的，不是毫无限制的自由活动。作为老师或者组织者，我们的主要工作是展开活动项目（to carry out the activity）和监控活动过程（to monitor the process）。这与"学生为主体、教师为主导"的现代教学理念相一致。

展开活动需要以"实现活动目标"为导向（to be oriented with realising the objective of the activity），确保活动始终要朝着目标方向进行，一旦偏离目标，老师要及时干预（to interfere in time），重新引导（to redirect），必要时提供足够的帮助（to provide sufficient help or assistance when necessary）。

（3）活动后（after the activity）

老师的工作并不会随着活动的结束而结束，因为还有一项或多项重要环节需要完成，至少包括：总结、收集反馈、报告。

> 找到活动亮点与不足，以及原因

第一，总结经验教训（summing up our experience）。

成功的老师一定是"学习型"和"反思型"的教育工作者。他们可以不断审视自己和他人的工作，并从中总结经验教训。我们应该回顾"活动前"和"活动中"两个阶段（to look back at the previous two phases），发现其中的亮点和不足之处（to find out what went well and what could have been better），以及为什么会那样，并从中总结、积累经验教训，找到改进方法，让今后类似活动做得更好。

> 收集反馈，清楚参与者的想法

第二，收集反馈（collecting the feedback）。

老师的反思固然是改进工作的关键组成部分，但改进工作的终极目标是帮助活动参与者提高自己的知识和技能，所以在活动后同样离不开来自参与者的反馈。收集反馈的形式不一，可以是询问式的，也可以是问卷调查（questionnaire）式的。我们只有通过分析这些反馈，才有可能更好地了解他们的期望（expectations）、需要（needs）、偏好（preferences）、习惯（habits）等，从而在今后更有针对性地调整、改进活动的组织和执行。

第三，报告（reporting）。

这项工作更多的是针对专题活动，而常规教学中的课堂活动，如果没有特殊情况，一般不会涉及"报告"。

我们可以通过一份简明的书面报告说明活动的开展情况和所收到的效果（how it was going and what it achieved），同时也对参与者、支持者表示感谢。

此外，如有可能，我们还可以积极向当地媒体、中外语言交流合作中心官网投稿，让更多的人知道我们的工作，同时也能起到扩大汉语和中华文化影响力的作用（to contribute a report or an article to the local media or Center for Language Education and Cooperation's website, letting more people know what we have done and seizing the opportunity to promote the Chinese language and culture）。

> 报告既是流程需要，也有自我推广的意义

三、因人而异、因材施教类

1. 例题

It is challenging to teach a class with students of mixed levels. It is quite possible that there are some true beginners in your class as well as students who already have laid a solid foundation for the Chinese language. In your opinion, what should you pay attention to?

2. 回答思路

教学既要有整体性，也要考虑到学生的个体差异。"个体差异"既体现在学生的性格特点、学习风格的不同，也体现在当前学习水平高低不一。所以我们在教学的很多方面，比如教学目标、教学形式、作业形式等，都应该体现因人而异、因材施教（differentiation）的原则。

（1）设定不同层次的教学目标（setting learning objectives at different levels）

从学能角度说，几乎任何一个班级都有"学霸""中人"和平均水平以下的学生，所以如果面对整个班级只设定一个层级的教学目标，显然有些不合理，也不实际。一个可行的做法，是设置三个不同层次的教学目标，分别对应上面提到的三个级别的学习者。

英文语境中，这三个层级由低到高一般用 all、most 和 some 来指代，分别是"所有人都要达到的标准"（the level that all the students should reach，其实低于平均水准）、"多数人要达到的标准"（the level that most students should reach，这才是平均标准）和"部分人要达到的标准"

> 每课教学目标最好分三个层级

（the level that some students should reach，这是为"学霸"制定的更高标准）。

我们设定不同级别的教学目标，既是为了让不同学能的学生各有所获（each can reach their own aim），同时也在整体上呈现了一级一级的"进阶"路线（how the students build up their abilities step by step），让一些学生心中有数，便于他们不断提高。

（2）组织活动或分配任务时采用不同形式（organising activities or assigning tasks in different forms）

> 活动形式要多样，让学生可以选择

如前面所说，同样的内容可以有不同的呈现形式，比如针对一个句型，通过听、说、读、写，甚至是表演、绘画等，都可以操练这个句型的理解（输入）或者运用（输出）。所以，我们在组织活动或者分配任务时，不必要求所有的学生用同一种方式去做，而是完全可以多提供一些选项（to offer more options），甚至可以让学生选择自己习惯或者擅长的方式（to allow the students to choose their own ways），这些都可以达到既定目标，殊途同归。

（3）布置作业时体现出选择性（providing alternatives when leaving homework）

> 作业也尽可能体现选择性和多样性

作业的选择性，可以体现在至少两个维度上。第一个维度是作业量（the amount）。老师不是要求所有学生完成一样的作业，而是提供选择，比如三道题里面选两道，或者用5—8个所学生词造句。第二个维度是作业的形式。作业可以是书面的，也可以是口头的，可以是常规型，比如选择题、阅读问答题、作文，也可以是任务型，比如制作一段中文视频、展开"田野工作"（the field work）得出结论等，不一而足。

第三节　"课堂管理"类问答的一般思路

简单地说，"课堂管理"是教师为确保教学顺利进行，减少学生或者其他人出现各种干扰行为而采取的各种活动措施。这里所谓的"干扰行为"（disruptive behaviour）包括不守纪律、不按既定要求和标准做（to misbehave）、其他突发情况产生的干扰等。

因为教学场景各不相同，课堂管理的方法就必然不一样，而且很多时候，需要从多方面综合考虑（to consider from different perspectives）。这固然是一门艺术，但也有一定的规律可循，所以它同样是一门科学。

一般说来，在某项课堂管理的全过程中，教师有两大任务：当场积极妥善处理问题（properly solving the issue on the spot）、事后反思并采取预防措施（reflecting and taking precautions afterwards）。出现了问题，肯定要积极解决，但即使我们当场圆满地解决了问题，也不应该是工作的结束，因为作为教师，我们还应该思考如何在将来的工作中避免同类问题再次发生。

> "解决"为了当下，"预防"为了将来

下面我们就围绕这两大任务，分别对课堂管理常见步骤和方法略作讨论。在证书面试时，大家可以根据具体问题，综合考虑、选取相关的步骤和方法，从而给出一个比较合理的回答。

一、问题处理类

1. 例题

（1）You and your students are in the class, but two of them are chatting loudly. When you point that out, they deny it and start to argue with you. What would you do next?

（2）You are in the middle of teaching a class, but one of the girl students bursts into tears. What would you do as the teacher?

2. 回答思路

课堂管理中所遇到的问题千差万别，要妥善处理，就必须先要知道问题出现的原因，这样才能"对症下药"，在尽可能短的时间内，用比较合理的方式加以处理。

（1）找原因（finding out the reason）

教学中出现问题，可能的原因是多样的，并不一定就是学生方面的原因（not necessarily caused by the students），也有可能来自教师、课程或教学方法本身。（The teacher, the Chinese course and the teaching and learning methods are all possible reasons.）一旦出现问题，我们可以通过课堂氛围、学生的肢体语言猜到一些原因，也可以直接向学生询问。二者各有利弊，需要视实际情况而定。

> 学生、教师、课程三方面都有可能是原因

学生方面，他们的年龄（age）、性格（personalities）、兴趣爱好（interests）、行为表现（behaviour）、身体状况（health）、个人事务（personal affairs）等，都可能在课堂上引发突然状况。

教师方面，某个时候的言语、行为甚至衣着所传递出的情感、态度可能也会造成一些问题，尽管多数时候，老师并不是故意的。（The teacher's emotion or attitude shown by what he or she says, does, wears, et cetera, may also cause a problem, though at most time he or she doesn't mean that.）

课程和教学方面，教学内容太难、太简单或者"太无聊"，又或者教学进度太快、太慢等，都可能让学生失去配合老师的耐心。（The ongoing lesson, which might be too hard, too easy or too "boring", or the teaching pace, which might be too fast or too slow, may run out of the students' patience for the cooperation with the teacher.）又或者，不适合学生的教学和管理方式，同样也可能让教学任务无法顺利进行。（Inappropriate teaching and managerial ways may also hinder the smooth advance of a planned lesson.）

（2）尽量在短时间内解决问题（trying to solve the problem in a short period of time）

找到原因之后，教师应该针对具体原因，在尽量短的时间内，用比较合理的方法，试着解决问题。这样做是为了尽可能缩短处理问题的过程，把教学受到的干扰降低到最低程度（to shorten the solving process as much as possible so that the teaching and learning may be the least affected）。

> 解决问题可以是让教学完全恢复正常，也可以是让多数人暂时不受影响

解决问题可以是积极的，让"问题学生"最终进入正常教学状态（to be back to the track of teaching and learning），也可以是消极的权宜之计，让他暂时能稳定下来，比如让他自己完成一项任务，与教学有关的最好，即便无关也可以考虑（to give the student an alternative task, either relevant or irrelevant to the teaching and learning），这样做可以暂时不让这个学生影响到全班的正常教学（so that, for the time being, he or she would remain calm and wouldn't affect the whole class）。

> 有些问题我们当场无法或无权处理，可以放到课后或请专人解决

但是我们也应该知道，不是任何问题都能当场解决（we can't solve all the issues on the spot），也不是任何问题都是教师有权解决的（we don't have the right to solve all the problems as a teacher）。遇到这样的情况，我们不要"一根筋"，完全可以暂时把问题放到课后处理，比如谈话、向部门或者学校报告、请家长配合等，免得影响教学进度（to leave the issue aside for later lest we should affect the advance of the lesson），也可以请有权负责的人员、专业人员来处理（report and ask for the right person to handle the issue）。

二、教师干预类

1. 例题

（1）You are teaching in the class and ask a student to answer your question, but he refuses to do that, no matter how much you insist. How are you going to deal with that?

（2）Your students are doing a group activity. In a group, however, two students from the same country are talking to each other in their own language. In your opinion, what could you do?

2. 回答思路

解决课堂管理中遇到的问题，很多时候离不开老师的干预（to interfere/ step in）。我们不能把"干预"仅仅理解成禁止学生做某事（to forbid the students from doing something or ban something），因为干预的目的，在于确保教学的顺利进行，确保达到既定的教学目标。所以，广义上的"干预"既包括消极的阻止，让学生停止不符合期待的行为（to stop the inappropriate behaviour），同样也包括积极的引导（to guide or lead the students to fulfil a certain activity），让学生产生我们期待的行为。

如果学生的行为不符合期待，老师可以用眼神、肢体语言示意，或者直接用言语提醒、阻止、警告（to remind, stop or warn）。这种方式的优点是"简单"，缺点是"粗暴"。在实际需要或者客观条件允许的情况下，不排除它也是一种不错的方式。（The situation permitting, it can be a pragmatic way.）

> 消极的干预是阻止

当然，老师还可以通过循循善诱的方式，引导学生从一开始不符合期待的行为最终转变为教学期待的行为。常见的引导方式包括：

> 积极的干预是引导

（1）创设友好的氛围，以降低或消除学生对立的情绪、紧张的心情，在轻松的心态下配合老师完成教学（creating a friendly atmosphere to ease or even eliminate the tension so that the students may cooperate with the teacher in a relaxing mood）；

（2）创设合适的场景或语境，让学生在有了直观感受后，产生相应的回应（creating a proper situation or language environment so that the students may take reactions in a wanted way）；

（3）提供关键线索和帮助，让学生可以在老师或同学的提示下，找到合适的回答或者回应的方式（providing key clues and offering help so that the students, with hints from the teachers or the classmates, may find a proper answer or react in a proper way）。

三、规则制定类

1. 例题

Your class is going to take an exam tomorrow, and some of your students are complaining about your decision that they will not be allowed to use their dictionaries during the exam because they took it for granted that they would be allowed. In your opinion, why are they complaining and what are you going to do?

2. 回答思路

制定规则可以有两个时间节点。我们可以在学期一开始，或者某项活动之前就"约法三章"，也可以在教学活动进行一段时间后，或者某个问题暴露之后立下规矩，从而起到"统一标准"或者"亡羊补牢"的作用。所以，制定规则是我们在课堂管理中常见的预防措施之一（setting up rules as one of the precautions so that this kind of issue may be avoided or systematically dealt with in the future）。

> 制定规则的时间节点不同，相应的作用也略有不同

如果证书面试中提到的某个课堂管理的场景需要我们在事后制定规则，作为今后的预防措施，一般来说，回答到"制定规则"这个点上就可以了。但如果还需要具体展开说明如何制定规则，我们应该注意以下几个原则。

> 制定"班规"的注意事项

（1）内部规则（或曰"班规"）不要和校规相冲突。（Our internal or class rules shouldn't conflict with the school rules.）这一原则不言而喻，当然，这同时也要求我们积极融入学校工作和生活中，熟悉校纪校规。

（2）规则要明确（to be clear），而且要为每个人所了解、接受（to be acknowledged and accepted by all the students）。

（3）规则要严格遵守和执行（strictly follow the rules），不能形同虚设，也不能故意曲解或者朝令夕改（shouldn't bend the rules at will or change them from time to time）。

四、调整教学和管理方式类

1. 例题

Months after you started your job in a school abroad, you find your students don't enjoy your lessons very much though they seem to be much happier in other lessons. Why do you think is that? And as the teacher, what would you do as a response?

2. 回答思路

如果出现的课堂管理问题的确是由于教学和管理的方式造成的，那么教师及时调整方式，也是反思后的补救或者预防措施之一。

> 用不同方式和学生沟通，了解他们的特点

我们可以和学生沟通，进一步了解他们，并根据他们的特点做出调整（to communicate with our students and adjust our ways of teaching and management based on the students' features），使我们的教学或者管理方式为更多的学生喜爱、接受。学生的年龄、性别、文化背景、兴趣爱好等都是我们需要考虑的因素。

我们也可以向同事请教（to ask colleagues for advice or help）。除了直接和他们探讨之外，还可以和他们商量，争取去他们的课上观摩一两次（to try to observe one or two lessons given by a colleague）。这样，我们在课上能够学习、借鉴同事的教学和管理方式（to learn from the colleague），也能够更好地从观察者的角度了解学生的特点、学习方式和表现等（to know better of the students as an observer）。

此外，如果有机会，我们也可以请同事来观摩我们的课，并提出意见和建议（to share his or her views or opinions）。这些都可以帮助我们做出有效的调整。

> 虚心向同事请教

第四节 "中华文化"类问答的一般思路

中华文化博大精深，有关中华文化的面试问题自然可以从很多角度来问。具体到工作实际场景中——我们是中华文化的传播者，身份是国际中文教师，主要面对外国学生，所以我们要做的，其实是在两种或多种文化碰撞中的教学工作。本节我们主要从教学中常见的"介绍""解释"和"语言文化相结合"三个角度为读者提供一些回答的思路和教学原则。

一、介绍类

1. 例题

（1）You decide to share a poem written by Li Bai with your students, and you believe that it is better to start with an introduction to this poet. How are you going to introduce him to your students?

（2）You mentioned something about Shanghai in one of your lessons. Now, if you needed to further introduce this city to your students, what would you do?

2. 回答思路

"介绍类"一般包括介绍中国的某位人物、某个历史事件、某个节日、某个地点等。尽管具体内容有所差别，但是却有一些相同的原则。

> 根据受众的特点、认知等，决定介绍的内容和形式

在我们开始介绍之前，首先要考虑的因素是受众（our audience, in other words, to whom we are going to introduce），这样才能有针对性地计划、展开介绍。具体到我们的工作，"受众"当然最有可能是学生，也有可能包括学校教职员工（the school staff）、学生家长（students' parents）、社区居民（people from the local communities）等。而且，学生跟学生也不太一样。即便是同样的内容，我们面对不同年龄段的学生，必然会用不同的措辞和方式，面对学习汉语和中国文化的学生与其他专业背景的学生，也肯定会有不同的要求，并采取不同的处理方法。

> 介绍应该包括"讲""练"和"活动"

在具体介绍时，我们应该避免走入单纯提供信息（pure information-giving）的误区。实际教学工作中的"介绍"是课堂的一个有机环节，同样应该在课堂教学的框架内进行。换言之，我们不能光有"讲"，也要有"练"，有"活动"。

> "讲"要考虑受众的直观感受和理解能力

在"讲"的部分，我们应该先从"可感知的事物"（perceptible things/ stuff）入手，直观地将学生引入要介绍的内容，然后用他们能够理解的语言表达（to use the linguistic expressions that our audience are able to understand），简单、明了地围绕"人事时地物"（who, how, when, where, what, etc.）把主要信息传递给他们。如果有必要，还可以简明地加入背景信息（background）和所介绍的人、物对今天中国或者世界有什么影响（the influence on China or the world today）。

> 介绍中国同样不能忘记中外对比

"练"和"活动"的环节可以分开进行，也可以结合在一起，视具体情况而定。需要我们注意的是，在"练"和"活动"的过程中，要有意识地启发、引导学生进行相关的中外比较（to inspire and guide the students to make comparison between China and the local culture），加深他们对两种或多种文化的了解。

具体到"练"和"活动"的内容，我们可以采用问答互动的方式（a Q&A section or interaction），看学生对所介绍的内容理解了多少（how well they understand），或者力所能及地解答他们疑惑和感兴趣的问题。我们还可以根据学生的特点，采用其他更多彩的方式，比如制作海报（to make posters）、制作跟所介绍内容相关的手工作品（to make handcrafts related to what they have learned）等，其目的在于帮助他们更好地理解、掌握所介绍内容的全部或某些细节；至于"练"和"活动"的深度与广度，则视必要性而定。

二、解释文化现象类

1. 例题

You mentioned about the gift-giving in China, including the most popular things as gifts, taboos, the "reasonable" prices of different gifts, and so on. An America student said that she doesn't quite understand why Chinese people don't open the gifts at the moment they receive them. How would you explain it?

2. 回答思路

文化现象包括"文化产品"和"文化习俗"。解释一种文化现象，重要的是通过现象解释说明背后的"文化观念"。

通过现象揭示观念

首先我们应该从学生能够直观感知到的产品或者习俗入手（to start with products or custom），然后逐渐深入（to go deeper），引导学生发现它们所反映的文化观念（concept）。

其次，某一种文化观念并不止一种表现形式。所以我们还可以以之前所提到的现象为出发点，进一步向学生展示，中国文化中还有哪些产品和习俗同样也是这种观念的体现（some other products and custom that convey the same concept），从而使学生逐渐融会贯通。

从观念回推到其他现象

再次，我们也有必要启发、帮助学生，就这种观念展开不同文化的对比（to make comparison between different cultures），包括对比深层的观念和表层的产品和习俗，并尝试发现两种或多种文化之间的异同（similarities and differences），从而更好地理解不同的文化。

中外对比有助于学生理解不同的文化

比如上面的例题中，礼物是"产品"，具体的场合（specific occasion）以及收受礼物的方式就是"习俗"。我们以此深入，引导学生体会到中国人的这一习俗其实体现出的是"更注重情意而不是礼物"的观念。因此，对于汉语俗语中"千里送鹅毛"这种看似"不靠谱"的行为，中国人的理解却是"礼轻情意重"。其实，西方文化中，人们当场打开礼物，也是一种表达情意的方式，所以我们有必要引导学生去发现：在"收受礼物"这件事上，不同文化中的"产品""习俗"和"观念"有哪些异同。

三、语言和文化教学相结合类

1. 例题

（1）When you teach topics like "numbers" and "colours", what other things would you like to teach or what activities would you like to do in the class?

（2）You are teaching Taichi in your Chinese club. In your opinion, apart from the Taichi practice itself, is there something else that you may teach in order to improve your students' Chinese language skills?

2. 回答思路

作为国际中文教师，我们的工作主要体现在两方面：教授汉语知识和技能、传播中华文化。但说是两方面，其实它们却并非互相独立的，而是你中有我，我中有你，是名副其实永远在一起的"CP"。所以，任何一节课上，我们无论是教语言还是教文化，都要注意：讲语言时融入文化，讲文化时融入语言（to involve the Chinese culture when teaching the Chinese language, and vice versa）。

> 语言和文化要始终结合起来教

汉语当中，能够体现出中国文化内涵、能够与中国文化元素相联系的方方面面不胜枚举。即便是语言教学初级阶段的自我介绍（姓名）、数字、颜色、方位等，都能融入很多文化点和相关的教学活动，作为对语言知识和技能的有效补充和拓展（as the efficient supplement and extension），从整体上提高学生的综合能力。

同样，我们在进行文化教学或者文化活动的时候，不能仅仅局限于知识点或者活动本身（can't be confined to the cultural knowledge or the activities themselves），也要恰到好处地融入一些汉语教学或者实践（teaching or practice），最好能把活动和所学过的语言知识结合起来（to integrate the Chinese language the students have learnt into the activities），使学生能够在"做"中学一点儿汉语。在具体场景中使用汉语，同时也能让他们对中文课产生更浓厚的兴趣。

第五节 "跨文化交际"类问答的一般思路

证书面试中，跨文化交际（cross-culture communication 或 intercultural communication）的案例一般是关于文化差异给课堂教学、学校工作以及教师生活带来的矛盾或困难。面试官根据回答，评判考生跨文化交际的意识和能力。在意识方面，跨文化交际需要特别注意：不同文化之间应该和而不同，换句话说，不要尝试用一个"统一标准"来要求所有人，大家应该互相尊重，真诚相待，更应该互相了解；同时，作为个体，一个人到了新的环境中，应该主动去适应，要有"入国问禁"的观念，必要时也需要"入乡随俗"。有了良好的跨文化交际意识和习惯之后，在处理具体问题时，就不会心态失衡，反而会越发感觉得心应手。

> 和而不同

一、文化差异类

1. 例题

（1）You tend to use lots of pictures in your slide shows as a way of aiding your teaching. One of your students finds that you always adopt the pictures of blond people to refer to "foreigners" and he thinks you are racist. Of course you are not, but what were you to do in this case?

（2）You and your students are talking about delicacies around the world. One of the students just started his introduction to a dish that mainly contains pork, but that upset some other students due to a religious reason. They complained and asked the introducer to stop. As the teacher, what would you do?

2. 回答思路

文化差异是跨文化交际中出现问题的主要原因之一，而且有可能出现在各个场合，比如老师和校方之间、中外同事之间、师生之间和学生之间。出现了问题，一方面需要我们及时、合理地解决（to solve the problem），另一方面，我们也应该采取一些防范措施（to take precautions），这样有助于让问题最小化，避免今后出现同类的问题。这一回答思路，和本章第三节提到的总体思路有相通之处。

要想及时、合理解决问题，我们当然要看引起问题的原因。文化差异是客观因素，但也不排除有时候问题中间又掺杂着个人主观因素，而且还要考虑到当地的价值判断，因此，针对不同的原因，需要采取不同的处理方式。

如果是某一方交际失误，比如有事实上的歧视、不尊重（de facto discrimination or disrespect）、有悖于当地行为准则（unacceptable by the local standard），自然需要先致歉（to make apologies）。跨文化交际中出现问题后，及时澄清、解释是非常必要的。（It's very necessary to make clarification and give reasonable explanation in time.）这样才有可能消除误会，互相谅解（to avoid further misunderstanding and start to have mutual trust）。

如果误会是发生在来自不同国家或地区的同学之间（an misunderstanding between students from different countries or regions），老师也可以视时机而定，尝试进行一次"机会教育"（incidental teaching），引导和帮助他们意识到文化的多元性（to guide and help the students realise the cultural diversity），并不断提高大家跨文化交际的意识和能力（to increase the consciousness and abilities of the cross-culture communication）。

及时澄清、解释，力争消除误会

主动了解世界主要文化和任教国文化

要减少甚至避免跨文化交际中的失误和误会，至少可以从下面两个方面去不断提高：一是我们自己要对世界主要文化以及任教国当地文化有一定深度的了解，包括其历史（尤其是近现代史）、宗教、风俗、禁忌等（to have a deep understanding of the main cultures in the world and the local culture, including history—particularly the modern history, religions, custom, taboos, et cetera）；二是我们要具备一定的预判能力，可以大致知道哪些话题、活动、行为在跨文化交际中可能会引起争议（典型话题如政治、宗教、服饰、饮食），从而提前做好相应的准备，或避免出现这些话题、行为，或事先告知相关者，让大家都有心理准备（to have certain ability to foresee some potentially controversial topics, activities and behaviour, so that we can make relevant preparations）。

二、生活和工作矛盾类

1. 例题

Before you arrived at your school abroad, they had rented a room for you as your accommodation. Later on, however, you found it impossible for you to enjoy it because it had been in a poor condition. Therefore, you emailed the principal to report this and asked the school to rent another room for you. The principal forwarded your email to your line manager, who was being very angry with you. In your view, what went wrong? What would you do next?

2. 回答思路

国际中文教师在国外任教的时光里，生活和工作方面难免会遇到一些矛盾。我们不必担心矛盾会不会来，因为只要和人打交道，它终究是要来的。矛盾出现，需要我们去化解，虽然不同情况下的方式方法各不相同，但有些"标准动作"是我们需要去做的。

自身：冷静思考、换位思考，拿出自己的解决办法

首先，我们需要平静下来，先想想问题出在哪里，为什么会出问题（calming down and thinking about where and why it went wrong）。如果想要考虑得更全面、公允，我们不光需要从自己的角度去考虑（to think from my own perspective），而且最好能够站在对方的角度（to stand in other's shoes）来看待问题：如果我是他，我会怎么做（what would I do）。我们在遇到问题或者提出问题时（when coming across a problem or raising a question），需要清楚一点：找到问题并不是目的，目的是解决问题（to deal with the problem），而且要在将来避免出现类似问题（to avoid similar problems in the future）。

所以接下来，我们自己要有一个解决问题的方法，并和对方真诚沟通（to sincerely talk to them），一来知道对方的想法和解决办法（to know what they are thinking about or how they are going to handle the problem），二来和他分享自己的看法和方法，大家一起商谈，最后达成一致（to share my own idea and solution, so we can discuss together to reach an agreement）。

在解决问题的过程中，我们最好能根据实际情况明确各自的角色、责任，以及如何互相配合（to know our own roles and responsibilities as well as how we can collaborate in solving the problem）。双方的权责、步骤越明确，问题解决起来就越顺利。

如果当前遇到的问题有可能再次出现，双方也可以借此机会沟通好，如何避免问题的发生，或如果再次发生了，可以怎么解决。

当然，上面所说的是我们在证书面试遇到相关提问时的回答思路，并不涉及具体问题的具体处理方法。但是从应试的角度来说，向面试官清楚展示出"找原因——沟通解决——避免类似问题"这一解决思路，与答案的内容本身同等重要。

> 双方：真诚沟通，互相了解、互相体谅

> 规则和预防措施会让双方沟通、协调起来更顺利

三、入乡随俗类

1. 例题

Many Chinese teachers working abroad tend to stay with other Chinese teachers, and it seems that they are never a part of the school and the local community. Do you have any advice for them? Or, how would you blend in the school and the local community if you were to be sent abroad?

2. 回答思路

到了一个新环境中，"入乡随俗"是我们快速适应新生活的有效手段之一。当然，现代社会先进的网络技术和发达的物流系统可以让我们足不出户，无需太多人际交往就能轻易获得各种生活资源。然而，国际中文教师要帮助学生提高汉语知识和技能，了解中华文化，为中外交流做贡献，所以就不能做"独行侠"，而必须要和身边的人积极来往。对国际中文教师而言，"入乡随俗"不仅包括一般意义上的"了解当地人与当地文化"（knowing well of the local people and culture），也包括"了解当地教育和学校工作"（knowing well of the local education and the local school）。

第一，我们要了解当地人与当地文化，首先要借助书本、报刊、网络上的各种信息，不断加深自己对当地的了解（to learn more about local

> 作为在外生活的个体，我们要了解、融入当地人和文化

people and the local culture from books, periodicals and internet）。其次，我们也应该主动地学习当地语言。正如不学习汉语就无法真正了解中国文化一样，如果不会一些当地语言，那么也不可能了解到当地文化的核心。当然，我们在时间、精力都有限的情况下，做到精通当地语言也不太现实，但只要开始系统地学习，无论最后到什么程度，作为文化主要载体的语言都会帮助我们了解当地文化。另外，我们也需要多交当地朋友（to make more friends with the local residents），从与他们的交往中，亲身体会、学习、研究当地的交际方式、行事风格等（to experience, learn and study how they communicate and behave）。这样才会帮助我们更好地融入当地生活（to blend in the local life）。

> 作为在外工作的教师，我们要了解、融入当地教育体系和学校环境

第二，我们要了解当地教育和学校工作，就必须先要熟悉当地的教育体系（to familiarise ourselves with the local education system），这样才能更清楚自己的角色、职责和任务。其次，我们也应该了解所在学校的情况，包括学校的理念、规章制度、愿景、规划（ideas, rules, vision and planning），也包括学生的总体特点，如家庭、阶层、宗教背景等。再次，我们还应该积极融入学校工作和生活，和同事、学生保持友好的关系，同时也积极参与学校的各种活动（to maintain friendly relationships with colleagues and students and to participate in various school events），不因为自己是外国人或者不是学校正式员工就对这些活动漠不关心，置身于外其实是在自我孤立（isolating oneself），反而不利于融入学校生活（being indifferent here is actually isolating ourselves）。

第六节　"职业道德与专业发展"类问答的一般思路

随着国际中文教育事业的推广和发展，国际中文教育的"三教"问题——教师、教材、教法已成为热门话题。其中教师作为教材和教法的创新者和实践者，是"三教"问题的核心和关键。教师的职业道德以及专业素质至关重要，直接影响着课堂的质量，也是《国际中文教师证书》面试，尤其是中文问答环节考查的重要内容。

> 不忘初心

不忘初心，方得始终。职业道德与专业发展部分，其实考查的就是我们的初心，作为一名合格的国际中文教师，我们应该做什么？我们应该怎么做？所以，在面试之前，大家不妨先思考一下这两方面的问题：第一，你觉得作为一名合格的国际中文教师，最应该具备哪些知识、能力、

素养？第二，你为什么要参加证书考试？获得证书以后的职业规划是什么？想清楚这两方面的问题，能帮助大家更从容地应对考官的提问。

除此之外，根据《国际汉语教师标准》，职业道德与专业发展主要包括具备教师职业道德、具备良好的心理素质、具备教育研究能力和专业发展意识三大方面的内容。在分析这部分问答的时候，一定要结合考点内容，做到言之有据，方能言之成理，从而获得考官的认同。

按照考查内容，并结合以往的面试真题，我们把职业道德与专业发展部分的问答分成六大类，通过典型例题分析的形式，帮助大家更好地理清思路。

一、"只跟喜欢的孩子玩"

1. 典型例题

王老师的汉语课上，有十几个来自不同国家的学生。每天早上上课的时候，这些学生有的能按时到教室，但是有的却总是迟到，一定程度上影响了王老师的教学进度和课堂秩序。王老师很生气，于是她只跟每天按时来的学生打招呼，上课提问，也总是请这些同学回答，对那些经常迟到的学生却采取漠视的态度。你觉得王老师这样做对不对？如果是你，你会怎么处理这个问题？

2. 相关知识点回顾

每一种职业都有其相适应的、需要认真遵守的职业道德规范。国际中文教师的职业道德就是国际中文教师在进行国际中文教学的过程中需要坚持的各个国家和民族普遍认可的道德规范，并在其职业活动中表现出来的相对稳定的、持续的道德规范和行为标准。国际中文教师的职业道德主要包括热情、博爱、公正、责任心、合作发展、终身学习等六个方面的内容。其中，公正是指国际中文教师在教学活动中要以公正的态度对待学生，关心和爱护每一个学生。既不能以成绩或相貌取人，偏爱或者歧视某些学生，也不能过分关注或照顾"弱者"，给他们造成压力，甚至让他们因"被弱势化"而感到被歧视。

> 国际中文教师的职业道德

3. 典型例题解析

第一，我们必须明确该题包括两个层面：一个是评价王老师的做法，一个是给王老师提出可行的解决方案。

第二，对这两个层面分别作出回应。关于王老师的做法，显而易见是不对的，但地球人都知道的答案自然不是重点，"为什么不对"才是我们要阐释的第一个关键点。因为王老师在课堂教学中，只跟按时

> 公平公正对待每个学生

上课的学生互动，漠视迟到的学生，违背了国际中文教师职业道德的公正原则，对迟到的学生来说是不公平的，即使是他们迟到在先。那王老师该怎么做呢？这是我们需要阐释的第二个关键点。有的考生可能要说了，既然王老师漠视迟到学生是不对的，那她一视同仁总没错了吧？也不行！因为一方面，"一视同仁"对于每天按时上课的学生来说是不公平的；另一方面，迟到的学生会继续迟到，教学进度和课堂秩序的问题依然没有得到解决。那怎么办呢？如果是我，我会跟所有学生一起制定相应的课堂规则，如果有学生触犯了该规则，及时给予他们相应的处罚，既做到了公平公正，又维护了课堂秩序，保证了教学正常、有序进行。

4. 同类问题与要点分析

同样属于职业道德范畴的问题还有很多，简要列举并分析如下：

（1）如果你有一个学生是色盲，而你下节课刚好要教颜色，你该怎么办？

（博爱：以宽宏博爱之心对待每个学生；公正：过分关注＝善意歧视）

（2）你做了多年的国际中文教师，早已失去了最初的新鲜感，对日复一日的工作产生了职业倦怠……

（热情：对事业、对学生保持热情；终身学习：不断提升自己）

（3）作为一名中文教师志愿者，小李被派到了泰国一个非常偏远的地区教汉语，生活及工作环境都非常艰苦，从未吃过苦的小李选择了放弃，申请提前回国。

（责任心：坚持完成使命）

过犹不及，适可为止

作为一名国际中文教师，我们要认真遵守以上职业道德；作为一名中文教师志愿者，我们更应该有志愿精神及使命感。那是不是说我们就应该无条件无底线地遵循原则或完成使命呢？当然不是，凡事有度，过犹不及。比如：

（4）你不适应所在地的饮食，在当地采用N种办法调整后，仍感觉肠胃不适，严重影响了身体健康，甚至有可能危及生命。

（你需要量力而行，可以申请岗位调整或提前回国）

（5）你所在的学校给你安排了过多的工作，一方面使你非常疲惫，不堪重负，另一方面很难保证工作的质量。

（你可以跟主管领导进行反馈和沟通，说明你的困难，维护你的正当权益）

（6）你是一个特别有责任心的汉语老师，经常不分昼夜给领导打电话或者发邮件，在周末或其他休息时间与同事讨论工作。

（这会严重影响你跟领导或者同事的关系，影响工作的正常进度和流程，如果你的领导或者同事已经很"厌烦"，请务必适可而止）

二、面对压力

如果你有鸭梨（压力），把它放进冰箱，它就会变成冻梨（动力）。

1. 典型例题

陈老师在韩国一个孔子学院教中文业余班，反响很好，深受学员的喜爱与欢迎。于是，下学期该孔子学院打算安排他教大学本科中级班，有HSK考试要求等压力。陈老师因缺乏相关的教学经验，很担心自己无法胜任。针对陈老师遇到的问题，你会给陈老师哪些建议？

2. 相关知识点回顾

作为一名合格的国际中文教师，要具备良好的心理素质，既包括积极的态度，又包括较好的心理承受能力和自我调节能力，还要求具有合作精神。其中较好的心理承受能力和自我调节能力主要是指，在遭遇逆境，碰到困难、挫折或者挑战时，一定要提高心理承受力，对负面情绪进行调节，在逆境中不退缩、不放弃，最终战胜困难，取得进步。而合作精神，则是指国际中文教师在工作和生活中，要正确处理好与各方的关系，更好地完成教学任务。

具备良好的心理素质

3. 典型例题解析

"宝宝心里苦，宝宝不说"，这种态度是坚决不可取的。有困难要勇敢面对，把压力变成动力。所以我们给陈老师的建议主要有两点。第一，调整心态，接受挑战，积极应对，不要因为害怕而退缩。在中文业余班所取得的成绩证明，陈老师在教学方面是有一定能力的，他应该相信自己，并通过迎接更大的挑战来提升自己。第二，要具有合作精神，通过寻求帮助，完成新的工作任务。陈老师之所以担心自己无法胜任，是因为相关经验的缺乏，但陈老师个人缺乏教大学本科中级班的经验，并不代表他所在的孔子学院或者其他同事也都缺乏这些经验。陈老师可以通过向孔子学院或其他同事寻求帮助，通过集体备课或者听课等方式提升自己的教学能力，从而出色地完成新的教学任务。

良好的心理素质+合作精神

4. 同类问题要点分析

（1）王老师在国内是一位非常有教学经验的汉语老师，被派到海外后，学校却只给他安排了批改作业等助教、教辅工作。他很郁闷，认为自己被"大材小用"了。你怎么看？

（调整心态，出色完成现有工作；主动请缨，要求承担更多任务）

（2）小李作为汉语老师，一心想去欧美国家任教，但多年来发现机会越来越少，消极的态度影响到了工作热情。换做是你，你会怎么办？

（摆正心态，保持工作热情；积累经验，实现个人心愿）

(3) 如果你在教学过程中遇到了许多挑战，比如学生故意不配合甚至挑衅、被家长投诉、领导不信任……

（提高心理承受能力，勇敢面对；找到问题根源所在，战胜困难）

总之，良好的心理素质，加上理性的解决方案，便是取胜的王道。

三、合作精神

合作精神，即所谓"众人拾柴火焰高"。

1. 相关知识点回顾

<什么是合作精神>

合作精神指的是人在自身先天活动能力的基础上，在不断地学习、交往和相应的教育过程中建构起来的，受人的知识、品德修养、能力等多种因素影响的，一种希望与人合作并善于与人合作的稳定的意识倾向，是一种优秀的思想品德。作为国际中文教师，在工作中，只有具备合作精神，才能处理好与各方的关系，更好地完成教学任务。

2. 典型例题与解析

（1）师生之间：教学相长

经验不足的孙老师，为了跟学生拉近距离，对学生几乎百依百顺，结果导致学生很不尊重她，教学组织与课堂秩序混乱，学生不听老师的话。你认为该如何解决？

<教学相长的正确达成方式>

《礼记·学记》中说："学然后知不足，教然后知困。知不足，然后能自反也；知困，然后能自强也。故曰，教学相长也。"所谓教学相长，是指教和学两方面互相影响和促进，都得到提高。教学是教与学的互动，师生双方相互交流、相互沟通、相互启发、相互补充。在这个过程中，教师与学生彼此间要进行情感交流，从而达到共识、共享、共进，实现教学相长与共同发展。在国际中文教学中也是如此，师生之间互相合作、互相配合，是每一节汉语课顺利进行的保证。

但这种合作一定是有条件的，师生之间的合作一定是建立在互相尊重并遵循相关的教学原则和课堂规则的基础之上的。孙老师正是由于没有确定好原则和底线，才会为了跟学生拉近距离，无条件地对学生百依百顺，造成了被学生牵着鼻子走的被动局面。建议孙老师要正确定位师生关系。在汉语教学中，学生是主体，教师是主导，学生必须尊重老师并遵守相关的课堂规则。在此基础上，师生要相互合作，相互配合，才能保证课程顺利进行，才能真正做到教学相长，共同进步。

（2）教师和家长：理解与沟通

你在海外从事汉语教学，你班里的一个学生总是不写作业，屡次劝说无效后，你将情况告诉了他的家长，希望家长能够协助老师，督促学生按时完成作业，但家长不以为意，所以收效甚微。

在学校里和课堂上，合作精神主要存在于教师和学生之间，但学生的所有学习任务并不是只在学校或者课堂上完成，有一部分要带回家，这就把教师和家长联系起来了。教师和家长之间的合作，通过互相理解和沟通，一方面，家长能更支持和配合教师的工作，帮助学生达到教师的要求并督促学生完成教师布置的任务，另一方面，教师通过家长也能更好地了解学生，因材施教，从而提高教学水平，并保证教学效果。

但教师和家长之间毕竟有一定距离，而且教育理念等各个方面可能也存在一定差异。如果想达成有效合作，必须进行深度沟通，尤其是作为教师，如果想取得家长的支持与协助，必须向其充分阐述家长配合老师完成教学的必要性及重要性，帮助家长增强教育意识。很显然，只是简单地将情况告诉家长，是远远不够的，我们需要通过跟家长进行深度的沟通，阐述我们的合作理念，并详细且客观地介绍学生在学校或课堂上的表现，然后请求协助，获得家长的理解与支持，合作完成对学生的教育。

（3）同事之间：资源共享

在杨老师的汉语课堂上，学生很积极，课堂气氛非常活跃，学生学习汉语进步非常快，她因此非常骄傲，并常批评其他老师，于是，很多老师从向她请教渐渐变成了躲避她……

子曰："三人行，必有我师焉。择其善者而从之，其不善者而改之。"这句话体现了与人相处的一个重要原则：随时注意学习他人的长处，对于他人的缺点则引以为戒，与人为善，待人宽而责己严。这不仅是加强修养、提高自己的好途径，也是促进人际关系和谐的重要条件。

杨老师很显然没有体会到孔子的良苦用心，被自己一时的成绩蒙蔽了双眼，甚至常常去批评其他老师，导致同事之间本应是互相学习、共同进步的关系，却变成了"躲避"，这样既不利于杨老师自己的提高，也不利于同事之间关系的和谐。杨老师处理与同事之间关系的正确方式应该是：首先，主动分享成功经验，帮助其他同事解决教学问题；其次，发现并学习别人的优点和长处，进一步提高自己的教学水平；另外，应通过集体备课、合作教学等方式实现资源共享，提高整体的教学效率与教学水平，以达到事半功倍的效果。

（4）教师与教学管理机构：互为依托

不管是在海外还是国内从事汉语教学，我们的汉语老师一般都不是"单打独斗"，而是要依托于孔子学院、孔子课堂、大学或者汉语学校等教学管理机构；同样，一个汉语教学管理机构如果想要生存并获得良好的发展，更是离不开优秀的汉语老师。二者其实是互为依托的关系。国际中文教师与教学管理机构的良好合作，能有利于并保证各种教学活动的顺利开展。

> 沟通调整
> 上报审批

教师与教学管理机构之间的问题主要表现在两个方面：一个是工作分配问题，即教学管理机构给国际中文教师分配工作，安排教学任务，双方一定要及时沟通工作内容、任务要求等，出现问题及时反馈和调整，比如教学管理机构给某位老师分配了过多的工作任务；一个是教师在教学组织与课堂管理中的具体操作，尤其是非常规的安排或者遇到的重大问题，一定要及时上报，前者须经上级主管部门审批后再行动，比如组织学生出游、举办大型的活动等，后者则需要请求教学管理机构的支持与协助，比如某"问题学生"的问题已经超越了一个汉语老师的权限等。

总之，合作无处不在，无论是教师和学生之间、教师和家长之间、教师和教师之间以及教师和教学管理机构之间，都需要达成良好的合作，合作才能共赢，才能充分保证汉语教学顺利开展。

四、中外教师合作教学

1. 典型例题

王老师在意大利从事汉语教学工作。为保证教学效果，提高教学水平，她所在的学校安排她与意大利本土汉语教师Luna合作授课。其中，Luna负责讲解，王老师负责操练。但是在教学过程中，Luna常用意大利语给学生解释语法，王老师不太认同她的教学方法；她们的教学进度也有问题，比如王老师刚开始操练第8课，却发现Luna已经讲到第9课了，所以常出现"帮倒忙"的情况。遇到这种情况，我们该怎么办？

2. 相关知识点回顾

> 国际中文教师本土化

什么是本土教师？本土教师是指外国学校或教学机构非中国籍的在职国际中文教师。随着国际中文教学的推广与发展，对教师的需求量必然越来越大，要求也越来越高。国际中文教师本土化也就成了必然的趋势。而中外教师合作教学，无疑是帮助双方教师提高教学水平、促进国际中文教师本土化、加强教学效果的有效手段。

但中外教师合作教学，需要双方具有良好的合作精神和协调能力，也需要他们拥有相近的教学理念、风格、方法等，求同存异，否则将无法顺利进行。正是鉴于其重要性和难度，我们在分析完合作精神之后，把"中外教师合作教学"这类的问题单独拿出来分析，以加深印象。

3. 典型例题解析

中外教师在合作教学过程中出现意见不一、互相摩擦等情况，到底该怎么办呢？

首先，真诚沟通，互相信任。所以，王老师和 Luna 老师应该通过沟通交流，各自说出自己的想法，扬长避短，共同为学生中文水平的提高而努力，建立良好的中外合作教学模式。

其次，作为教学管理和协调机构，为促进中外教师成功合作与沟通，学校在决定中外教师合作教学的时候，要合理、科学地安排合作对象，提升教师的合作愿望，帮助教师建立良好的关系，树立双赢意识，并且注意培养和提升教师的自我反思意识。一旦发现两位老师存在不可磨合的矛盾时，要及时作出调整。同时，校方还要加强中外教师的互动，例如组织建立例会制度、定期或不定期举行中外教师交流活动等。

另外，中国教师在海外教学，应入乡随俗，了解当地教学习惯，随着磨合与合作的逐渐加深，润物细无声地将合作最优化。

4. 同类问题与要点分析

（1）你在海外从事汉语教学，所在的学校举办了一场关于汉字的文化活动。你发放给学生的材料有错误，学校领导批评了你，但其实材料是一位本土国际中文教师提供的。你会怎么回应这件事？

（澄清事实：向领导说明材料来源；承认错误：应认真检查后再发放）

（2）如果你去国外教汉语，当地的老师不喜欢你或者不配合你的工作，怎么办？

（主动沟通：找出原因；尽力调整：获得认可；上报校方：寻求帮助）

所以，沟通才是王道！当中外教师合作过程中遇到问题的时候，一定要及时沟通，才能让工作更顺畅。

五、教学遭遇困难

当老师，从来不是一件容易的事，尤其是做一名国际中文教师，总会遇到各种各样的困难。

1. 典型例题

王老师是一位新手老师，没有什么教学经验。她虽然每次备课都很认真，上课时，还总是会被一些学生问到和课程相关但并未准备的问题，所以讲得不太好，教学开展得很不顺利。她应该怎么办？

反思性教学

2. 相关知识点回顾

反思性教学是教师通过对教学理念、教学技巧和方法、教学效果等的反思，努力提升自身教学实践的合理性，使自己成为学者型教师，实现自我的专业发展。反思性教学首先有利于教师个人的成长和专业水平的提高；其次，有利于国际中文教学事业的发展。"国际中文教学实践与反思是一个硬币的两面，教学实践的流动性需要进行实时反思，而反思可促成教学实践效果的提高，实践与反思的有机结合使得汉语教师必须是反思性实践者"。①

反思性教学的方法主要有：撰写教学日志、课堂观摩与分析、刺激性回忆报告、同侪听课、问卷调查、间接调查、网络反思等。教师可根据教学实际和自身特点，选择恰当的反思方式。

3. 典型例题解析

很显然，这位新手老师在教学中遇到了困难，需要通过教学反思来发现问题并解决问题。而且，她的反思必须是多方面的：

如何反思

首先，要进行自我提升，一方面通过撰写教学日志，反思自己的不足；另一方面，通过学习，弥补自己的不足。

其次，可以请教教学经验比较丰富的同事，比如去同事的课堂上进行观摩，学习别人的优点和长处；或者请同事来自己的课堂上听课，帮助自己找到缺点和不足。

再次，诚实地面对自己的学生，可以通过问卷调查的方式，请学生帮助自己进一步了解现存的问题；同时，需要更加认真地备课，让学生看到你的态度和进步。

4. 同类问题与要点分析

（1）小刘去国外教汉语，他的班是从其他老师那里接手来的。学生们说他跟以前的老师不一样，并明确表示，他们更喜欢以前的老师。学生甚至在小刘老师教汉字的时候，当场指出他的笔顺有误，让小刘很尴尬。如果你是小刘老师，你接下来会怎么做？

（调整心态："先入为主"很正常；反思教学：提升水平，赢得认可）

（2）你在英国一所孔子学院负责一个汉语教学项目，开始的时候，报名的学生很多，但是没多久，很多学生就不来上课了，项目结束只有三个学生续课。作为项目负责人，你该如何应对？

（调查反思：找出学生退课原因；及时调整：解决问题，重获认可）

---

① 王添淼（2010）成为反思性实践者——由《国际汉语教师标准》引发的思考，《语言教学与研究》第 2 期。

德国戏剧家布莱希特曾说，思考是人类最大的乐趣之一。我们说，思考是国际中文教师成长的必经之路。只有不断地对自己的教学进行反思，发现问题并解决问题，让自己成为一名研究型教师，才能不断获得提升。

六、教到老，学到老

人们常说，活到老学到老。而作为一名教师，尤其是作为一名国际中文教师，如果你想始终保持能给学生倒一碗水，那就必须始终保持自己有一桶水，坚持"教到老，学到老"。

1. 典型例题

小文在法国的一所学校教汉语。假期到了，他打算去欧洲其他国家旅行，但是学校却通知他写教学总结，并代表学校参加法国地区的汉语教学研讨会。小文觉得，自己作为一个汉语老师，主要任务是教学，上好课就行了，没有必要做这些科研工作。你认同小文的观点吗？如果你是小文，你会怎么做？

2. 相关知识点回顾

国际中文教师专业发展是国际中文教师在自我专业发展需要的基础上，自觉地由非专业教师成长为专业教师的过程，也是教师专业知识、技能、意识、态度等各个方面全面提升的过程。

国际中文教师追求专业发展，对于自身而言，可以不断提升教师各方面的水平，实现个人价值；对于专业而言，可以在实践中发现并解决问题，从而推动专业发展；对于整个国际中文推广而言，涌现出的将是越来越多的合格的中国语言和文化传播的使者。

国际中文教师专业发展的途径和方法主要有：学习专业理论和方法、制定专业发展规划、积极进行自我反思、教学与科研紧密结合、加强教师之间的合作交流。

3. 典型例题解析

首先，我们需要对小文老师的观点做出一个判断。小文老师认为，他自己只是一个汉语老师，主要任务是教学，只要上好课就够了，不需要做科研工作，很明显，他的观点是错误的。

其次，我们要分析错误的原因。小文老师作为一名汉语老师，除了做好教学工作以外，还要遵守终身学习的职业道德规范，并应该通过学习专业理论和方法、制定专业发展规划、积极进行自我反思、教学与

国际中文教师专业发展

科研紧密结合以及加强教师之间的合作交流等方式，不断追求并实现专业发展。

最后，我们要给出合理的解决方案：第一，小文老师必须更正观念，坚持教学与科研紧密结合，在做好教学工作的同时，积极进行科学研究，不断提升自己的理论和实践水平；第二，写教学总结和参加地区研讨会都是学习并获得自我提升的好机会，小文老师应该积极配合学校的安排，抓住机会实现专业发展；第三，劳逸结合，小文老师并不需要因为写总结和参加研讨会完全放弃自己的旅行计划，适当调整自己的计划即可，鱼与熊掌可以兼得。

4. 同类问题与要点分析

（1）你的教学任务特别多，学校还要求你必须参加调研，怎么办？

（有条件要上：把握住机会；沟通协调：适当减轻或调整教学任务）

（2）如果你所在的学校没有钱，没有条件组织专业培训，你将如何实现专业发展？

（没有条件，创造条件也要上；想方设法，突破限制）

活到老，教到老，学到老，就这样！

第六章
情景再现与点评

所谓知己知彼，百战不殆。我们通过前面几章的学习，了解了《国际中文教师证书》面试到底是怎么回事，也分别细致地学习了自我介绍、说课、试讲以及问答环节如何备考、如何应对。但实际的考试到底是什么样子的？有没有前人的经验可以借鉴？这个问题，我们将在本章通过情景再现的形式给大家呈现。什么是情景再现呢？就是已经参加过面试的考生，通过文章的形式给大家分享自己面试的亲身经历以及心得体会。在此基础上，我们的培训教师还进行了适当的点评，并根据该考生的临场表现提出备考与应试建议。

在这里跟大家一起分享的，有科班出身的在职国际中文教师，也有非科班的在职教师，更有既非科班又非教师的"小白"，不同的身份，共同的追求和梦想，总有一款适合你！

第一节　科班出身我自信

一、考生基本信息

姓名：陈生（化名）

年龄：32岁

学历：国际中文教育专业研究生

职业：国内某高校在职国际中文教师

笔试成绩：110分

面试成绩：113分（中文75＋外语38）

二、面试经历简述

由于平日工作较忙，本人并没有花费太长时间进行备考，只是在报名面试后准备了一个月左右。因为本人是国际中文教育专业的研究生，算是科班出身，毕业后又一直从事汉语教学工作，对这个行业也算是比较了解，而且也有一定的教学经验，因此，备考时主要是针对自己的薄弱环节——英语方面进行了复习。除了自己准备外，也看了对外汉语人俱乐部的一些网课，觉得收获挺大。

> 点评：
> 科班出身又有教学经验，优势明显

面试当天我比较早地到了考点，提前了将近一个小时。到了以后发现很多考生比我还要早。简单沟通后发现参加这个证书考试的很多考生都当过志愿者或是公派教师，有海外教学经验，也有不错的英文能力，顿时感觉压力倍增。考点设有一个候考室、三个备考室和三个正式考场。楼梯口会有工作人员提示你到准考证上的考试时间后才可以进入候考室。进入候考室后，会有老师让你抽签。抽签主要是抽考场和面试顺序。同一批进入候考室的考生一般会分为前后两组，第一组大概会在准考证上的考试时间后20分钟进入备考室。如果你抽到第二组，就要等得稍微久一些，大概50分钟。这里提醒大家一下，进入候考室，在等待过程中还可以继续看书复习。桌子上会有一个考试须知，请认真阅读。

> 点评：
> 提早到达考点有利于消除紧张感，值得借鉴

> 点评：
> 应该利用候考时间做好最后的准备

等待一段时间后，就会被告知可以进入备考室了。每位考生抽的考场、面试时间不一样，备考室也不同，因此一定要记清自己抽到的是第几考场，在哪个备考室准备。进入备考室后，考生就不可以查看任何相关资料了。那里的老师会请大家填写机读卡，姓名和考号需要用签字笔，其他当然是用2B铅笔。信息填好后不用提交机读卡，一会儿进入考场后亲自交给考官。之后，老师会发给大家试卷，同一时间的试卷是统一的，也就是说这个时间段内不管是哪个考场，考试的内容是相同的，可能是为了避免漏题。

拿到试卷后，考生有半个小时的时间进行准备。大家可以把试卷作为草稿，随便写随便画，不用保持卷面整洁。虽然面试结束后要交给考官，但是考官评分时不会参考试卷上的内容。本人的感觉是半个小时的时间还是非常紧张的，首先说课的表格就得写个大概，然后还需要写出试讲的几个环节，最后还得阅读分析第一个案例，理清答题思路。时间分配方面，我个人的建议是在试讲的教学设计和案例分析上多花一些时间，因为说课实际上可以提前做一些准备，面试时根据抽到的教学材料改动重点难点即可，而试讲环节教学设计写得清楚具体一些，面试过程中如果忘了还可以看一下。案例分析应该从问题发生的原因出发，然后是自己的理解，最后是如何解决问题。我认为在备考时可以将自己的答题要点写下来，面试时再组织语言。

> 点评：
> 试卷上可以随意写画，考官不会检查。半小时的准备时间比较紧张，说课试讲的过程以要点的形式写下关键词即可

准备阶段结束后，考生应该到考场门前等候，可以将书包、衣服等个人物品放在考场门外，会有专人看管。考官准备好后会开门请考生进入考场。考生需要先将刚才填写的机读卡交给考官，一式三份，每位考官一张。然后考官会提示考生站到教室前面的讲台上并开始做自我介绍。自我介绍是面试过程中少数可以精心准备的环节，本人英文水平有限，就不具体说了。不过要提醒大家注意控制时间，本人介绍时前面铺垫了很多，主要的工作内容还没来得及介绍就被打断了。

点评：
英文自我介绍应该做好充分准备，考前应该做计时练习，内容应该尽可能与汉语教学相关

说课和试讲环节，本人抽到的语言材料大概是：

关经理：你好，王老师。每天都起得这么早吗？

王老师：对，因为我练气功，所以每天五点多就起来了。

关经理：练了多长时间了？

王老师：已经练了好几年了。

关经理：每天练多长时间？

王老师：不一定。有时候练一个钟头，有时候半个钟头。

关经理：效果怎么样？

王老师：挺好的。练气功对身体很有好处。以前我有好几种慢性病呢，高血压、失眠，坚持练了几年，我的这些病差不多都好了。你也来练练吧。

关经理：练气功必须坚持天天练，三天打鱼，两天晒网不行。我也很想练，但是工作太忙，没有时间。

3分钟说课环节，大家可以根据自己准备的内容和试卷上的笔记来说，本人的时间分配大概是这样的：

教学对象：10秒

教学目标及教学内容：30秒

教学重点及难点：15秒

课时长度：5秒

课时安排：10秒

教学步骤：110秒

说课环节结束后，考官就会提示大家开始试讲。试讲的内容自己选择。本人当时选了一个语法"S+做+了+时间+了"。环节上就是按照试卷中要求的，分为导入、讲解、操练、活动、板书五个部分。按照时间顺序的话，本人的操作流程是先导入（30秒）、然后板书（30秒），板书包括语法结构和例句，带读例句后进行简单的讲解（2分钟），之后是操练（3分钟），最后是用一个活动收尾（1分钟）。整个面试过程中，试讲环节对我来说是最轻松的，跟平时的教学工作相近，只不过考官不

点评：
语言点选择比较准确，时间分配合理。试讲时不要过多在意考官的表情态度，避免增加紧张感

会回应，表情也一直比较严肃，多少会有些紧张。

试讲结束后，负责中文提问的考官会请你结合试卷中的案例1来简要回答。案例1的问题大概是：

> 张老师刚到美国开展汉语教学工作。学期之初，张老师向校方询问是否需要提交与学生成绩相关的材料，当时被告知不需要提交。因此张老师在组织考试后并未收集并保留相关材料。然而到了期末时，张老师却接到校方通知，要求他提交一系列包括学生考试成绩在内的资料，以便向学区督导汇报本年度汉语课程开展情况，并申请重点课程。张老师感到非常为难。请你分析张老师的做法存在哪些不足，并对他今后的工作提出建议。

本人的答题思路是这样的：

原因：张老师忽视了测试与评估、收集反馈信息的重要性。

分析：成绩对于学生和老师来说都非常重要，我们能从中发现很多问题，提高教学效果，因此不能因为学校不需要，自己就不注意收集保存成绩。

建议：今后应该在教学中注意成绩等教学资料的收集与保存，并及时进行教学评估与反思，提高教学水平。

> 点评：
> 这是一个教学管理类的案例，考生答题思路比较清晰，值得借鉴

第一个问题本人只用了大概两分钟就回答完了。然后中文考官提出了第二个问题，我印象中是这样一个案例：

> 小王是上海一家汉语培训机构的老师，她的教学对象主要是上海一些外企的外国职员。有一天，一位来自美国的学生告诉小王，他发现在中国很多地方看到的都是老人带着孩子玩，或是陪孩子去医院，或是送孩子上下学。这样的现象令他感到疑惑。难道中国的父母不爱自己的孩子吗？为什么他们不自己照顾孩子？另外，老人难道没有自己的生活吗？如果你是小王，会如何回答这些问题？

本人的理解是这属于一个跨文化交际类的问题，主要是解释不同文化背景下的社会现象。下面是我的回答思路：

原因：西方人与中国人的生活方式及家庭观念不同。

分析：（1）目前大城市生活压力大，年轻父母都需要工作；

（2）中国人有大家庭的观念，很多老一辈人把照顾第三代当作是生活中重要的一部分，虽然辛苦，但也从中享受到了快乐。

> 点评：
> 这是一个跨文化交际类的案例，考生答题思路基本正确，但应该强调家庭观念的差异，少谈生活压力

分析完两个中文案例后，英文考官就会开始提问。这个环节应该算是整个面试中最让我头疼的环节。考官对于案例的描述比较快，对案例中的核心矛盾或者主要问题有一定的强调，但也不会减慢语速，建议

大家听懂问题后再作答，如果没有听清楚或是没有完全理解，可以与英文考官确认题目的意思，甚至是要求考官重复一下问题。下面是我回忆的两个案例，由于英文水平有限，只能做大致的描述。

案例1：Li Ming is assigned to teach in an elementary school this year in America and now he is taking part in a barbeque organized by the Confucius Institute with lots of students and their families. He sees one of his students fall down on the ground and wants to pull him up. However, before he actually does that, he is stopped by a local director of the elementary school. Why does the local director stop Li Ming? Can you explain the reason?

> 点评：
> 这是跨文化交际类的案例，答题思路与中文问答没有明显差异，主要是看英文表达是否准确

本人回答第一个案例的思路是这样的：

差异：中西方教育观念的不同。

原因：中国人更关心孩子的安全，而美国人希望培养孩子独立的性格。

案例2：You are now teaching in an elementary school abroad. You find most of your students don't take their homework seriously, nor do they hand in on time. When you once asked some of your students, they told you that they didn't have a notebook and didn't know how to do the homework. Why does this problem happen? What will you do in the future?

> 点评：
> 这是课堂管理类的案例，答题思路与中文问答没有明显差异，主要是看英文表达是否准确

本人回答第二个案例的思路是这样的：

问题：孩子不重视课后作业。

原因：有时学生不做作业确实与老师没有告诉学生作业的重要性或是没有说清作业要求有关。

解决办法：首先要告诉孩子作业的重要性，其次要说清要求，最后要考虑到孩子的年龄和作业量，争取布置一些趣味性强的作业。

三、备考与应试建议

这名考生说课试讲的时间分配合理，案例分析时整体的答题思路比较清晰，能够找出案例中的主要矛盾并比较全面地进行回答，值得大家借鉴。下面我们结合这位考生的案例来谈谈面试时的一些注意事项。

首先，自我介绍环节应该认真准备，但由于时间有限，内容上应该重点介绍自己的专业背景，如果本身专业与国际中文教育相关度不高，则需要在介绍中说明为什么会对这个行业感兴趣。此外，如果考生目前正在从事汉语教学相关工作或是曾赴海外任教，最好是能拿出一分钟的

时间来简单描述一下自己的工作。

其次，说课时应该尽量结合材料本身来谈，要避免过于模式化、套路化。考官一天会面试十多个考生，如果考生的说课千篇一律，肯定会产生疲劳感。我们的建议是要突出重点难点，结合教学材料中的内容来谈，比如哪些是本课的重点，讲解时主要采用什么样的教学方法，哪些是教学难点，如何帮助学生理解等。最好是具体问题具体分析地来进行说课。千万不要给考官带来"这是个预先准备好的万能模板"的坏印象。

然后是试讲环节，如这个考生所言，大家在准备过程中应该在这一部分多下功夫，进行教学设计时一定要想好导入、讲解、操练、活动和板书每个环节如何处理，设计好后再简单地在头脑中模拟一下。正式试讲时要注意时间的控制，在7分钟内全面展示出这五大环节，也是汉语老师应具备的基本能力。我们建议大家带上手表，试讲过程中随时监控进度。

最后是问答环节。对于试卷中已经给出的案例，我们应该做好准备，即使时间有限，也应该理清大致的答题思路。而对于临场被问到的第二个中文案例和两个英文案例，大家可以先判断是跨文化交际题还是课堂管理题，然后结合二者的特点进行细致深入的分析。如果考试时遇到如"你觉得为什么会出现这样的情况"这种分析原因类的问题，应该着重分析问题出现的深层原因。而对于"如果你是这位老师，你会如何处理"类的给出解决办法的问题，一般问题的成因都比较明显，大家可以主要谈谈应对的策略。此外还需要注意案例中是否出现了多个问题，如这个考生在中文问答环节遇到的第二个案例中，第一个问题是"中国父母为什么不自己带孩子"，第二个是"老人没有自己的生活吗"。这两个问题实际上是回答问题的两个方面，大家最好能全面回答，避免遗漏。

第二节　不隔行也隔山

一、考生基本信息

姓名：希望（网名）

年龄：42岁

学历：汉语史专业研究生

职业：国内某高校在职教师

笔试成绩：97分

面试成绩：102分（中文69 + 外语33）

二、面试经历简述

我是一名高校老师，讲授汉语语言学。在教学和科研中，发现语言的应用研究和国际中文教育非常重要，尤其是在国家"一带一路"的大形势下。面对《国际中文教师证书》考试，从本体知识和教学而言，我算是科班，但从汉语教学而言，我却是个门外汉，母语教学和第二语言教学还是有很多且很大差异的。

点评：
教学与教学各异，不隔行也能隔山

笔试考试的时候，由于工作较忙，裸考上阵，全拼的是基础，但所幸低分飘过。到面试时，不敢马虎，参加了对外汉语人俱乐部组织的《国际中文教师证书》面试培训课程。毕竟，知己知彼，才能百战不殆。

（一）考试前

考虑到临近期末工作会很忙，考试时间我就选择了面试的第一天——12月10日。从报名参加培训课程到正式面试，全程是49天。

点评：
从笔试出成绩到面试，留给我们复习的时间很有限。做好备考计划并严格遵循，分清主次、重点突破至关重要

因为时间很紧，而且之前很多人都说面试的外语比较难，我的外语不仅是哑巴外语，并且已经多年不用了。所以我将这49天做了计划：全程3轮复习，3周+2周+2周。按照这个计划，每天保证至少两个小时的学习时间。不过后来事实证明，计划没有变化快，因此在第一轮熟悉面程课程的内容之后，我调整为重点突破，突击英语和语法点。结合个人的知识结构和授课风格与习惯，尽量消化课程内容。英语的复习，以听分析思路为主，熟悉答题的框架和关键词。语言点的复习，则以听课为主，对练习形式尽量灵活掌握。

（二）考试中

1. 候考与备考

我准考证上的考试时间是7：40。鉴于考场比较偏，我前一天晚上就准备好了所有物品，早上天没亮就出发了，7：35到达考场，其他几人已经到了，监考老师们忙前忙后的，7：40多一点儿将我们叫进了候考室。

在候考室的主要任务就是抽签。我抽到的是2-1，也就是第2考场1号。之后两个考场的1号考生进入备考室。2号考生继续在候考室等待。

我进入备考室的时间是7：55，一位监考老师在门外站着，一位在室内。考生将除了准考证、身份证之外的物品都放在备考室外的桌子上。备考室内准备了签字笔、铅笔、橡皮。进入备考室后，监考老师宣读《考试须知》，发给考生每人三张答题卡，考生根据要求填涂答题卡，此时尚未计时。然后，老师当众揭开密封条，取出考试试题，分别发给考生。

点评：
该考点非常贴心，给考生准备了笔、橡皮等考试用品，据悉大部分考场需要考生自备

试卷是 A3 纸对开的，有一个骑缝的密封胶贴。8：05，老师宣布考生可以打开密封试卷，30 分钟备考计时开始。

翻开试卷，首先是一段对话体课文，印象中是两个学生之间的对话，谈论的内容是早上快迟到了，打车去学校。其中涉及的语法点有：就 vs. 才、虽然……但是……、无论……都……、拿……来说、别把希望寄托在出租车上（"把"字句）等。课文之后是说课要求，提供了一个表格，是说课要包含的具体内容，可以把关键词直接填写在表格里。然后是试讲要求，下面是大片的空白，可以设计 7 分钟试讲内容。最后是一道中文问答题。我的题目是：

> 小王到国外孔子学院做志愿者，领导安排他去郊区上课，每天四小时往返，但是课不多。可是小王觉得其他老师都在市内工作，很方便。他对领导的安排不满意，向领导提出调整，大家轮流到郊区上课。但是开学一个月了，没有任何变化，小王很郁闷，工作没有了积极性。对此谈谈你的看法。

点评：
30 分钟备考时间转瞬即逝，需要迅速调整情绪进入高效备战状态，并合理规划备考时间，建议时间分配：3 分钟中文问答、7 分钟说课、20 分钟试讲

2. 正式考试

8：30，监考老师宣布时间到，考生分别进入各自考场。刚才放到备考室外的个人物品，考生随身带到考场外存放，只带着考卷和答题卡进入。

我在的考场就是一个小教室，有三组桌椅，考官坐在中间位置，年纪稍长的男老师居中，一位年轻的男老师和一位年轻的女老师分坐左右两边。我进入考场后，首先在门口鞠躬问候，然后走到中间，面对考官的位置站好（靠近讲台）。下面是我考试过程的详细回顾：

主考官：请先做一下自我介绍。

我：用英语介绍自己的学习经历、工作经历，以及从事汉语教学工作的期望和愿景等。

点评：
自我介绍的内容把握得非常到位

主考官：请开始说课，说课时间 3 分钟。

我：按照培训课程中给的说课模板开始说课："根据试卷中的教学材料，我把教学对象设定为……"

点评：
说课需要模板，但切忌千篇一律，要同时结合自己的风格和具体的教学材料

主考官：下面开始试讲，试讲时间 7 分钟。

我：讲解"把"字句的用法。

先通过拉窗帘、把黑板擦放在地上等动作演示引出"把"字句。

然后引出抽象的心理活动做"把"的宾语：希望、失败、不高兴等等，并进行操练。设计的课堂活动是"你演我说"，就是两人一组，一个学生表演，另一个学生用"把"字句说句子，注意观察面部表情和情绪的表达。（试讲环节我刚操练完，考官就告诉我时间到了，并没有传说中

点评：
试讲时间是所有面试环节最难把控的，最好的解决方式是考前反复计时练习，找到感觉
试讲过程一定要完整，必须包括导入、讲解、操练、活动、板书等。缺失的环节一定要想办法补上

的一分钟提醒。幸好全部考试结束，还有3分钟时间，考官让我补充一下，我又把课堂活动说上了）。

主考官：请回答第一道问答题。

我的分析思路：

（1）领导的安排，可能是考虑到小王比较年轻，精力比较充沛，有意栽培他，或者是根据每个老师的具体情况，包括工作经验、年龄、身体状况等做出的权衡，不是刻意针对他；

（2）每一位在海外工作的汉语老师，代表的都是国家形象，不应该因个人的情绪而影响工作；

（3）换位思考，如果小王实在难以胜任，身体吃不消，可以再次跟领导反映，请求解决。

总之，因此闹情绪，没有大局观念，不合适。

点评：
分析思路基本正确，但可以更有条理些，比如题目要求是谈看法，我们可以先从国际中文教师职业道德的角度，判断小王对工作失去积极性肯定是不对的，然后给小王一些建议，通过分析领导如此安排的原因，尝试理解领导的决定，如果依然不能理解或者承受，可再次反映给领导

中文考官：念第二道中文问题，大意是怎么给外国学生解释中国人不遵守秩序的现象。

我的分析思路：

（1）中国有句老话，叫"无规矩不成方圆"，我们也是有规章制度需要遵守的，要讲究社会文明。

（2）有的人不遵守，只是个别现象，并不能代表全部中国人的形象。中国人整体还是遵守秩序的，比如排队乘车，车辆礼让行人等等。

（3）任何一个国家都会有不守规则的人，不仅仅是中国。希望大家多关注我们正能量的一面。

点评：
该考生面对敏感问题，没有回避，又有所节制，这种态度和处理方式都是值得肯定的。根据教学的实际情况，我们还可以对学生进行适当的正向引导，比如组织一个课堂活动，让学生一起来想一想，怎么改变不遵守秩序的情况

英文考官：在孔子学院工作的老师要组织一场活动，一位当地老师主动提出帮忙，但是当天却未到场，怎么办？（具体英文内容记不清了，所以用中文描述，下同）

我的分析思路：

（1）任何活动都可能有突发情况，所以要提前做好两套预案；

（2）活动组织者要对整个过程非常熟悉，并及时应变；

（3）及时与相关领导沟通。

点评：
关于组织活动的分析非常到位，但解决问题部分，我们更应该做的是先跟当地老师沟通，看是不是存在理解上的偏差或者他遇到了突发状况，只有在对方恶意破坏活动或者双方存在不可调解的矛盾时，才需要跟领导沟通

英文考官：一个学生作业做得不好，找他谈过两次，他都许诺要改，但是毫无起色，怎么办？

我的分析思路：首先要了解学生为什么作业完成得不好，然后针对具体原因做出调整，比如帮助学生一起解决作业过程中遇到的问题，允许学生可以选择性地完成部分作业或者是变换作业形式等等。如果仍不

点评：
分析问题，然后解决问题，思路清晰，值得借鉴

能解决问题，可以与家长进行沟通，请求他们的帮助或者向学校有关部门反映情况。

考试结束后，擦黑板并将考卷交到考官处，走到门口，向老师鞠躬，走出考场，取走个人物品离开。此时，2号考生已在门口等候。我出来的时候，他要进去，老师让他稍等一会儿，关上门，室内应该是考官在核对分数吧。交卷子的时候，扫了一眼老师们的打分表，好多项，具体对应什么没看清，但是看到老师们基本上各项分数都已经给出来了。

（三）考试后

走出考场，返程中，好多问题的思路变得更清晰了，试讲的"把"字句似乎不够典型，材料中只出现一次，倒是有几个关联词语可以讲。如果能提前熟悉教材，尤其是知识点的分布，可能会更好一些。

点评：
面试时没有想清楚的问题，往往在走出考场后就顿悟了，主要原因还是面试时太紧张了，要努力缓解自己的紧张情绪

问答部分的回答好像也不太圆满。问题的分析，基本都是案例性质的，往往要从大局观、入乡随俗、两手准备、自信等角度去分析。不过，整体的思路在我参加的面试培训课程中都涉及了，虽然不是原题，但是几个角度都有训练。

我的全程备考，基本就是以对外汉语人俱乐部面试培训课程的视频为唯一的备考材料，因为工作较忙，没有太多的实战演习，只是在临考前一天，有幸得到了老师在线面对面指导，受益良多。

点评：
理论学习、实战演练、答疑解惑，三个方面不可或缺

因此，如果有时间的话，能参加面授课，效果肯定会更好的。

三、备考与应试建议

国际中文教学作为第二语言教学，根本目的是培养学生用汉语进行交际的能力，自然与汉语语言学这样的专业课存在着明显的差异，所以这位考生才会觉得"不隔行也隔山"。结合这位考生的备考及面试表现，我们提出如下几点建议：

1. 知己知彼，百战不殆

备考面试，首先要"知彼"，了解面试的内容和具体流程，才能更合理地利用有限的时间，分清楚主次，取得突破性进展；其次要"知己"，分析出自己的优势和劣势，方可制定出适合自己的复习计划，获得有效提升。总之，知己知彼，缺啥补啥，有针对性地备考才是王道。

2. "床前明月光，我叫不紧张"

考生的沟通交际、心理素质、教姿教态等基本职业素养是《国际中文教师证书》面试考查的重要内容。面试的临场表现，直接影响着考生的面试结果。如何才能做到不紧张？加强自己的心理素质，考前做好充足的准备，提前一点儿到达考场等，都是行之有效的手段。另外，鉴于证书面试每个环节都有严格的时间限制，考前多次计时模拟，是增强

自信、缓解紧张情绪的法宝。

3. 尽信"书"，不如无"书"

《国际中文教师证书》是为了评价应试者是否具备作为国际中文教师的能力，而面试过程中的说课和试讲环节更是完美地体现了这一要求。各种辅导书和培训班提供的模板和范例，都是编者、教师或者前人经验的总结，是精华却不容粗暴复制。尤其是作为一名教师，每个人都有自己的风格和特色，适合自己的才是最好的。所以不管是本书还是其他辅导材料及培训课程里的内容，我们都希望学员能认真消化，真正变成自己的东西。当然，实践出真知，光说不练假把式。

4. 知其然，亦知其所以然

有因就有果，有果必有因。问答环节给出的案例，无论是中文还是外语部分，都是国际中文教师在实际教学或者生活中遇到的问题，只有首先弄明白了因果，弄清楚所以然，才能做出正确的判断并给出合理的建议。尤其是在没有太多时间思考的情况下，掌握分析问题的思路显得尤为重要。

第三节 "小白"也能拿证书

案例一：

一、考生基本信息

姓名：王文（化名）

年龄：35岁

职业：自由职业

笔试成绩：98分

面试成绩：103分（中文67+英语36）

二、面试经历简述

我现在是一名在家专心带娃的全职妈妈，上学时学的是广告专业，决定考取《国际中文教师证书》是我踏入国际中文教育行业的第一步。

首先，我要特别感谢对外汉语人俱乐部所提供的面试课程，以及任磊老师编写的《国际汉语教师证书面试常见英文问答》，这些资源帮助了我，让我一个从没上过讲台且专业知识"一问三不知"的小白顺利通过了面试，成功拿到了《国际中文教师证书》。下面，我想与大家分享一些备考经验。

为了方便照顾家庭，我选择了居家网考。在这里提醒大家，即使是线上考试，也一定要提前打印准考证。我听说考试当天有考生忘了打印准考证，官网当天又不能打印了，只能弃考。另外，一定要提前下载和调试好面试所需的考试软件、监考软件，并检查网络连接的稳定性，辛辛苦苦备考这么久，千万不能在设备上出问题。

> **点评：**
> 考试前做到两个"提前"，一是提前准备好准考证、铅笔等考试用具；二是提前进入备考室，以免影响考试的顺利进行

首先是备考环节。考生统一进入线上备考室，由系统分发试卷，备考时间为30分钟。试卷第1页是教学材料。我拿到了一篇对话体课文，内容是一位外国女士和她的中国朋友之间的对话。当外国女士提到和女儿去苏杭旅游时，有游客摸了女儿的脸，她女儿吓哭了，她觉得这样很不好。中国朋友建议她，可以直接告诉游客："对不起，我女儿不太喜欢别人摸她的脸。"第2页是说课的表格。考生可以按照表格上的项目，填写自己的教学设计，主要包括：教学对象，教学目标及教学内容，教学重点及难点，教学步骤。第3页是试讲要求。考生可以在白板上键入试讲语言点、思路等。第4页有1道中文问答题，可以提前准备。

30分钟备考结束后，我就进入正式的面试环节了。面试分五大部分：

第一部分，是英语自我介绍。考虑到很久没说过英语了，我采用了"笨鸟先飞"的策略。在考前一周，整理了自我介绍的内容，并请教了身边英语特别好的朋友进行修改润色。每天我都会训练一遍，尽管考试刚开始时还有一点儿紧张，但整体上我觉得进行得还算顺利。说完最后一句表示感谢的话，向监考老师鞠躬，大概有两三秒的时间，铃声响了，接着监考老师说："好，请开始你的说课。"

第二部分，是说课。回忆如下：

各位考官，我开始说课。

根据所提供的教学材料，我把本课的教学对象设定为已学过六个月汉语的初级水平的欧美成年留学生。

本课的教学目标是：通过本课的学习，掌握"天堂、苏杭、愉快、摸、脸蛋、直接"等几个生词的意义和用法；掌握语言点"不过"的功能和结构；能够根据提示词理解、复述课文。学生在课堂上能够积极参与互动，并在生活中用这些生词和语言点描述自己对事物的感受和看法。

本课的教学内容分为语言内容和文化内容。语言内容有"天堂、苏杭"等几个生词的讲解，"不过"这个语法点，以及一篇对话体课文。语言点"不过"，是本课的教学重点和难点。文化内容有"苏杭""小

> **点评：**
> 说课比较全面、准确、简洁，尤其是对时间的把控比较到位，这与考生考前的准备以及反复练习分不开

长假"的意思，如何委婉、礼貌地拒绝别人的汉语表达方式。

本课的教学内容计划用两个课时，共 100 分钟来完成。下面我说一下本课的教学步骤：

一，师生问好，组织教学。

二，简单复习一下上节课的内容，用一段问话，如："同学们，上个周末都去哪儿玩儿了？哦，我听到有同学去黄鹤楼玩儿了。玩儿得开心吗？（开心！）公园人多吗？（非常多。）"导入新课。

三，依次讲练生词、语言点，处理课文。

生词部分，用图示法、扩展法进行操练和讲解；教学重点和难点是语言点"不过"，先用图示法、情景法进行讲解，再用归纳法总结其结构和功能；课文部分，先跟读，再分角色朗读，通过问答形式检查学生是否理解了课文内容，然后让学生根据提示词复述课文。接下来是课堂活动，让学生写一个关于武汉的旅游计划，可以从武汉的旅游、饮食和交通等方面入手，并利用课文中的生词和语言点来谈论自己的看法，并进行演讲汇报。最后，对本节课主要内容进行小结，布置作业。

我的说课完毕，谢谢各位老师！

第三部分，是试讲。

说课结束后，考官让我开始试讲。以下是我试讲的全部内容：

同学们，周末都出去玩儿了吧？我听到有同学说去黄鹤楼玩儿了，黄鹤楼好玩儿吗？（好玩儿！）黄鹤楼公园人多吗？（人很多。）啊，我听到有同学说人很多。嗯，黄鹤楼公园很好玩儿，但人很多。好，我们可以用"不过"这个词来描述一下黄鹤楼公园的情况。请大家看黑板。

（板书）黄鹤楼公园很好玩儿，不过人很多。

好，下面我想问一下，马克，你是怎么去黄鹤楼的？哦，马克说，先坐地铁，又坐公交车，又步行，看来去黄鹤楼花了很长时间啊。又是地铁、公交，又是步行。好，我们再用"不过"描述一下这件事：

（板书）黄鹤楼公园很好玩儿，不过交通花了很长时间。

请大家跟我一起读："黄鹤楼公园很好玩儿，不过交通花了很长时间。"

下面请同学们看老师的杯子。老师的杯子好看吗？（好看。）哦，谢谢。大家再看一看，老师的杯子才这么高，是不是很小啊？对，有同学说老师的杯子很小。好，很好，那么我们是不是可以用"不过"

点评：
板书时，列出语言点的结构并写出一两个典型例句即可，而且尽量挑选简单的例句，以免因为着急而字迹潦草，影响板书成绩

点评：
运用实物法和图片法进行操练，但是要注意齐唱与个唱的结合

来形容一下老师的杯子呢？好，我请瑞秋来回答一下。啊，瑞秋说，老师的杯子很好看，不过有点儿小。好！很好！瑞秋说得非常好！

接下来，请同学们再看这张图。图上是一件非常漂亮的衣服，对吗？非常漂亮的衣服。请同学们看一下它的价格。哇，1800元！我听到有同学说太贵了。对，这件衣服太贵了，很贵。好，我们怎么用"不过"来描述一下这件衣服呢？我请山姆来回答一下。很好，山姆说，这件衣服很漂亮，不过很贵。好，山姆说得非常好！

点评：
语言点的讲解避免使用过多、过难的语法术语，而且"不过"这个语言点相对比较简单，学生在理解上没有太大的难度，所以这里可以不必这样讲解

看来同学们对"不过"这个转折词理解得非常好。简单回顾一下，"不过"用来表示轻微转折，前后用两个分句连接，先是一种情况，然后用"不过"连接另一种表示轻微转折的情况，以此表示一个事物的两个方面或两个特点。（试讲到这里的时候，我没有听到铃声，说明还有时间，于是又举了一个烤鸭的例子）

下面请大家再看一张图，图上是一只烤鸭。有人吃过烤鸭吗？烤鸭好吃吗？我听到同学们说烤鸭好吃。好，大家再看下面的小图，是烤鸭的制作工序，我们可以看到，先要洗鸭子，搭配食材，还要烤鸭子，最后是切成片，整个过程应该需要很长时间。接下来，我希望同学们能用"不过"来描述一下烤鸭的特点：烤鸭好吃，但做烤鸭这道菜需要很多工序，很难做。我请马克同学来回答一下吧。嗯，马克同学说，烤鸭很好吃，不过烤鸭这个菜很难做。

（板书）烤鸭很好吃，不过烤鸭这个菜很难做。（这句话我也板书了，不过同样担心时间很紧，板书速度很快，不是一笔一画书写的）

点评：
课堂活动的说明过于简单，最好能再展开说说活动的方式、要求以及最后的呈现结果

下面给大家布置了一个课堂活动，希望同学们列一个关于武汉旅游的计划。大家可以用课文中的生词和"不过"这个语言点，描述你对武汉旅游、饮食或交通的看法。

好，我的说课完毕，谢谢大家。

在这里，提醒一下大家，线上考试不需要准备黑板或白板，只要准备几张A4纸和笔就好了。笔最好是马克笔，这样写出来比较清楚，也方便考官透过摄像头辨认。我书写速度很快，字迹不是很清楚，因为试讲只有7分钟，我担心写这么长的句子花费时间太长。

考官不会说一句话，但是考生应该和考官有眼神交流，所以更多的时候，我是盯着摄像头，假装教室有很多学生在听课。整个试讲还算顺利，没有冷场，也没有出现表达不清的地方，但是，在讲解烤鸭制作工序的时候，我意识到"工序"这个词可能有点儿难，于是，又增加了一些简单易懂的词。

备考时间只有30分钟，我们不仅要准备3分钟的说课内容，还要准备7分钟的试讲内容，这涉及选择哪个语言点，举什么例子，用什么

方法，学生叫什么名字，如何进行互动等，个人觉得这样的准备过程是具有挑战性的。另外，为了确保学生能够跟上并理解，我们要注意语速，说话不能太快，发音必须清晰；为了吸引学生的注意力，我们还需要有一些肢体动作和表情，整个说课流程基本就是这样。中途老师没有说时间到了。

第四部分，是中文问答，全部是关于教学组织与课堂管理的问题。试卷上只显示了第一个中文问题，第二个题目由考官亲口念出。

中文问题1：

一位中国老师在国外教汉语，教初级阶段课程时，校方按1：2的课时比例安排本土教师和他一起上课。但是，到了中高级阶段，还是按这个课时比例安排，中国老师感到有点儿吃力，课程进度差其他班很多。如果你是这位老师，你会怎么做？

我的回答是：

首先，这位中国老师如果觉得很吃力，他可以向部门主管反馈，希望能够得到校方和主管的理解，也许可以得到更为合理的教学安排。

点评：
课时是学校从整体出发做出的安排，如果没有学校的允许，教师之间不可以私自调课

其次，他可以和本土教师协商，每一个阶段的教学目标不同，教学时间安排也就不一样了，看能不能对课程比例稍作调整，让课程安排更合理、更科学。作为汉语老师，要本着合作愉快的原则和当地老师协商，保持同事之间良好的沟通和合作关系。

最后，老师在初级阶段可以顺利上完课，在中高级阶段感到很吃力，老师最好也反思一下自己，是不是教学水平不够？是不是教学技能需要进一步提升？或者多听取其他同事的意见，从他们身上学习更多教学方法或者技巧，保持终身学习的态度和原则。当然，最终目的就是保证教学进度，顺利完成阶段的教学目标，让学生达到相应的中文水平。

点评：
这位考生的作答比较全面，但逻辑略微有些混乱。遇到这样的问题，首先是要反思自己的教学，然后是了解一下进度比本班快的班级是如何处理的，如果确实是学校方面的问题再跟部门主管沟通，并请求调整课时安排

这是我对这个问题的回答。谢谢大家。

中文问题2：

一个小孩8岁了，今年和父母一起来到中国。他学习汉语三个月，但是上课总是心不在焉，他说自己非常想家，想自己的国家。如果你是他的老师，会怎么做？

我的回答如下：

关于这个问题，我想从以下几个方面谈谈自己的看法：

首先，小孩说自己非常想家，想自己的国家，老师可以在课堂上多给予他鼓励，让他多参与课堂活动，并时常关心他的生活状态，使

点评：
对于学生因为想家，上课心不在焉的问题，最好能先分析一下原因，比如没有在新环境中感受到温暖和快乐等，然后再谈怎么解决

他感受到课堂的温暖和关怀，逐渐减轻他的思乡之情。

其次，老师可以和孩子的父母联系，把孩子在学校的表现告诉他们，这样可以做到家校联合，双方积极配合，共同帮助这位学生改变目前的状况。

最后，孩子上课心不在焉，老师可以反思自己的教学方法，尝试使课程更有趣味性。同时，组织更多的课外活动和实践机会，让学生积极参与，增强他们的自信心和积极性。也许这样能转移他对家乡的思念，让他觉得在中国和在自己的国家一样，在中国学习、生活也很愉快。

这是我的回答，谢谢大家。

整个中文问答，我和考官零互动，考官也没有提示我时间到了。

第五部分，是外文问答。试卷上没有题目，只能听英语考官说出英文题目，自己再回答。

英文问题1的大概内容是：一位外国学生发现中国的夫妻平时很少有亲密的举动，这让他们看起来似乎并不那么恩爱。你怎么和他解释这个问题？

我只听到了"couple is not too close to...", 后半句没听清，于是直接询问考官："Sorry, I can't listen clearly about the couple is not too close to..., what?"考官很耐心地重复了一遍问题，但是我仍然没有完全理解，大概是"夫妻之间看上去感情不是那么深厚"的意思。

点评：
这位考生能抓住文化差异的几个要点，思路清晰、解答到位，值得借鉴

关于这个问题，我想从以下几个方面谈一谈我的看法：

首先，我想告诉大家，不同文化背景下，人们会有不同的表达方式，包括语言、动作等。在中国，夫妻之间感情怎么样，要通过日常生活中的一些小细节进行观察。比如早晨起床时，丈夫为妻子做好早餐，妻子为丈夫准备好鞋，这在我们看来是爱的体现。

其次，语言和文化是相通的。中国的文化和价值观多"藏"在语言中，即使夫妻在公众场合不展现出亲密的行为，也不能说明他们感情不好。

最后，我建议这位外国朋友有机会可以多参加一些中国的聚会或活动，这样可以更直观地了解中国人的互动和情感交流方式。

英文问题2的大概内容是：一位外国学生因为口吃，每次回答问题时，同学们都嘲笑他。作为老师，遇到这样的情况，你会怎么做？

对于这个问题，第一遍我没完全听清楚，于是问考官："would you please say it again？"考官又给我重复了一遍"stammer"这个词，我以为是"stupid"，老师说不是，并作出弹舌头的动作，我一下子就

明白了，这个单词是"口吃"的意思。可惜的是，这个问题我只答了两点，铃声就响了，监考老师说时间到，我就没有继续回答了。我的回答如下：

关于这个问题，我想从以下几个方面来回答：

第一，作为老师，我们应该尊重每一个学生，同时也应该告诉其他学生尊重每一个同伴。

第二，老师也可以提供更多回答问题的方式，如画画或书面回答等，这样受口吃影响的学生也可以选择用其他方式来回答。

以上就是我回忆的《国际中文教师证》面试的全部内容。尽管还存在许多不足，但是我真诚地希望和业内老师、学生共同分享和学习，希望我们将来都能够成为优秀的国际中文教师。

点评：
这位考生作答方向基本准确，思路比较清晰，但是英文听力水平和对时间的把握上有待进一步提高

案例二：

一、考生基本信息

姓名：柯玉（化名）

年龄：23岁

学历：海外化学生物工程专业本科生

职业：跨国半导体公司工程师

笔试成绩：110分

面试成绩：135分（中文92＋外语43）

二、面试经历简述

本人海外求学加工作六年，雅思成绩7.0分，有较好的英语基础，但缺乏国际中文教育专业知识和实际教学经验。11月12日购买面试课程开始一共复习了约150小时，个人认为对于零基础跨专业的学员，效率最高的做法就是完全听从老师微课中的建议，不要自作主张。例如老师说试讲要讲语法，那么除非遇到特殊情况，不然我是不会主动选择讲词汇和课文的。

面试前一周，我拜托送考的人帮我去考点踩点并拍照发给我。面试当天，8：30我进入了候考室抽签，抽到的号码为3号，是当天该考场的第三位考生。8：40进入备考室开始填涂机读卡。8：50监考官分发试卷，计时半小时进行备考。考点不提供草稿纸，但是试卷不作为评分依据，可以作为草稿纸使用。

点评：
对自身的优势和劣势有清晰而准确的认识，并果断制定复习计划，值得借鉴

点评：
根据面试时的实际情况对时间进行适当调整，可以看出该考生随机应变的能力很强

点评：
根据专业老师的指导，认真准备并多次实战模拟是制胜的关键

点评：
有的考生认为板书可以当场准备，其实不然。该考生备考时认真模拟板书设计，不放过任何一个细节，值得大家学习

    微课建议的时间分配是：3分钟准备中文问答，7分钟准备说课，剩下时间准备试讲。我的实际用时为中文问答5分钟，说课10分钟，试讲15分钟。时间有些紧张，试讲的课堂活动部分没能写到草稿上，只能利用从备考室走到考场以及在考场门口等待的那一小段时间再思考一下。

    英语自我介绍部分，按微课建议内容主要体现自己对汉语教学的热情以及自身符合国际中文教师的某些特质，例如：对待工作态度认真，对新环境新事物适应能力强，海外经历丰富等，并结合具体事例进行说明。长度由初稿的320词删减至230词，以保证能在两分钟内说完。熟读背诵并多次计时模拟，保证面试时稳定发挥。备课的30分钟并不需要花时间在这部分上。

    说课部分改编自本书前面提供的模板，准备时先根据课文材料决定学生情况，再标出生词和语法并设计讲练的方法。考前我使用《新实用汉语课本》中的课文，套用模板进行了模拟练习。

    在复习期间，经过多次试验，发现自己对试讲的时间把握比较差，只能对老师推荐的试讲时间结构进行微调，改为尽量多准备操练内容，并在6分钟提示时进入活动环节。活动只做说明，不模拟学生的回答，这样可以在7分钟结束时完成课堂总结。

    由于没有板书经验，我在考前两周向同一考场的考生打听到教室是黑板而不是白板，就在网上购买了粉笔和可以吸在冰箱上的黑板贴，对所有语法点进行板书演练。板书排版结构、粉笔颜色参考语法微课的课件，写完一盒粉笔基本上练习到了所有的高频语法点。有条件的话可以请家人观看板书，我就在父母的帮助下纠正了一个倒插笔的字。

    中文问答的案例分析最好在备考时一开始就准备，写好提纲，首先给问题进行分类，是课堂管理、中华文化和跨文化交际还是职业道德与专业发展，找出主要矛盾，分析产生原因，提出解决方案并结合专业理论知识评价自己给出的方案。

    备考结束后，考生要去各自的考场门口等待。如果是冬天面试，建议穿好外衣，待进去时再脱下，和背包一起放在考场门口的桌子上。考场里一共有三位考官：主考官、中文考官和英文考官，考生需要把三张机读卡分别交给三位考官。站上讲台后首先从粉笔盒里选好需要的几种颜色的粉笔，然后向考官表示你已经准备好了。

    考官会示意你开始两分钟的英文自我介绍。不知道是不是每个考官都是这样，我所在的考场的考官在我说完后，通知了我用时情况，为1分50秒。

    之后进入3分钟说课环节，我一共用时2分40秒，回忆如下：

各位考官，早上好！根据所提供的教学材料，我将教学对象设定为学过六个月汉语，掌握八百词左右，处于初级阶段的新加坡大学母语非汉语的大学生，母语背景复杂，应使用少量英语作为教学语言。

本课的教学目标是：通过本课的学习，学生能够准确掌握与消费有关的10个生词的意义和用法；掌握"只要……就……""越来越……""不管……还是……"3个语法项目的结构和功能，语法练习活动正确率90%以上；能理解记忆课文内容，可以讨论与消费观念有关的话题；能够自觉运用比较、归类等学习策略，发展自主学习意识，通过小组学习培养合作能力。

本课的教学内容可分为语言内容和文化内容，语言内容包括：10个生词、3个语法点，以及一篇对话体课文；文化内容为中国人对消费和办卡的态度。其中，语法点"只要……就……""越来越……""不管……还是……"是本课的教学重点，也是本课的教学难点。

本课教学内容计划用四个课时，一共160分钟完成，下面是教学步骤：一是师生问好组织教学。二是复习上节课内容，并通过展示老师钱包中的物品导入新课。三是学习新课，依次讲练生词、语法，处理课文。生词主要用图示法进行操练；语法部分先用情景法给出例句，然后用归纳法总结其结构，之后用图示法和情景法进行操练；课文部分先领读再分读，通过问答检查学生是否理解，然后引导学生看提示，复述课文。之后是小组活动，全班一起完成一个造句接龙的游戏，要求使用本课重点生词和语法。最后小结并布置作业。

说课完毕，谢谢！

> 点评：
> 说课比较全面、准确、简洁，尤其是对于时间的掌控比较到位，这与考生考前的准备以及反复练习分不开

说课结束进入试讲环节，这时候需要大家迅速调整语速和姿态。说课可以加快一点儿语速，表情和肢体语言可以严肃一点儿，但是试讲时要放开并降低语速。我拿到的教学材料的语法点主要出现在课文后半段，前半段是对话的双方打算去买东西，然后提及各自的钱包。课文的最后几句对话大致如下：

A：我的钱包里的东西看起来多，其实没有多少钱，全都是卡。有信用卡、门禁卡、健身卡等等。

B：为什么你需要那么多卡？你看我只需要银行卡和门禁卡。

A：不管是健身房还是理发店，只要你走进这些店，就会有人问你是否需要办卡。渐渐地，你的卡就会越来越多。

试讲部分我选择的是语法点"只要……就……"。主要讲两个结构，最终呈现的板书如下：

条件	结果
只要 我 认真复习，	就 能拿到 A+。
只要 S……，	就……
只要 我 回家，	妈妈就 会做好吃的。
只要 S₁……，	S₂ 就……

导入：你们想在期末的时候拿到A+吗？要怎么做才能拿到呢？模拟三到四位学生的回答。（1分钟）

讲解一：板书其中一个回答作为例句，结合其他几个答案总结语法结构，"只要"和"就"用不同颜色的粉笔书写以突出重点。（30秒）

操练一：采用图片法练习四个句子。（2分钟）

讲解二：双主语情况下主语的位置，板书例句和结构。（30秒）

操练二：采用情景法，给出提示，先师生问答，再生生问答。（2分钟）

活动：句子接龙，按座位顺序，学生依次用上一个人的后半句作为自己的前半句进行造句。例，甲：只要A就B；乙：只要B就C；丙：只要C就D。（1分钟）

课堂总结：再重复一遍语法结构。我在此处被打断了，没来得及布置作业。

试讲部分由于没有教学经验，我一直很紧张，很容易就忘词。在复习过程中的多次模拟中，我已经很清楚地了解到这一点。我的解决方案是在备课时把草稿尽可能写得工整一些，字写得大一些，方便自己在忘词的时候快速找到所需要的信息，不留太长的停顿时间。

试讲之后是中文案例分析，考官会要求你首先回答试卷上给出的案例。我拿到的问题是：

> 李老师在一所国际学校教授报刊阅读课，她认为该课程的目标是提高学生的阅读能力，使他们适应中文新闻的书写结构和用词。李老师选取了难度适合的教材，并精心编写了练习。学期结束时，李老师却被学生投诉了，理由是她上的不是"新闻"阅读而是"旧闻"阅读，很多材料已经很老了，没有现实意义。李老师知道后，又气恼又难过。请分析原因并提出适当的建议。

点评：
试讲部分语言点定位比较准确，教学环节完整，操练比较充分，板书清晰，活动设计较为合理，基本上涵盖了试讲的全部要求。尽管有些超时，但也不影响试讲的整体成绩

点评：
这是一个有关课堂教学的案例，该考生按照题目要求，首先客观地分析问题，并有针对性地提出解决方案，思路清晰，回答到位，值得称赞

我的回答是:

　　这个案例的主要冲突是李老师认为报刊阅读课的主要教学目标是提高学生的阅读能力,让他们熟悉中文新闻的结构和用词。而学生对本课程的期望则不仅限于阅读技巧本身,还包括了通过阅读材料了解中国和世界时事的目标。

　　在汉语教学中,教学目标的设定和教材的选择是很重要的。由于市面上的汉语教材数量有限,编写时间也参差不齐,很多时候老师们必须自己主动搜集材料甚至是自己编写教材。教师应该根据学生的年龄、中文水平、文化背景等来选择合适的教学材料,设计不同的练习。

　　关于解决的方案,首先我们需要肯定李老师认真负责的精神,即使没有完全满足学生的要求,她也做到了精心选择材料,亲自编写练习。身为国际中文教师,需要有较强的适应能力和抗压能力。李老师需要收起自己的难过和气恼,继续努力满足学生对课程的需求。她可以通过个别谈话或调查问卷的形式了解学生对课程的期望,也可以向资深教师求助,并且还可以参考其他语言的阅读课的老师使用的阅读材料。如果无法找到现成的合适的教材,她可能需要抽出时间阅读一些国内和国际的中文新闻,在此基础上自己编写教材。

第一个问题回答完成后,考官会口述第二个问题。第二个问题如下:

　　林老师在海外一所小学教汉语,她在备课时使用网络翻译软件将中文课文翻译成外语。这是一篇有关中国神话的文章,翻译软件将"嫦娥"翻译成了"Goddess of the moon"(月之女神)。林老师就这样把这份双语材料发给了学生。之后,她被家长投诉,说她传播宗教思想。请分析原因并提出适当的建议。

我的回答是:

　　主要冲突是用网络翻译软件将"嫦娥"翻译成"Goddess of the moon"(月之女神),而学生所属的族群很可能信奉某种相信世界上只有唯一神的宗教。林老师在使用网络翻译软件时没有仔细检查,由于学生是小学生,需要老师向家长解释清楚,明确表示自己并没有传播宗教思想,并且相当尊重当地的宗教和习俗。在以后教授此类内容时,翻译专有名词最好直接使用拼音,如果使用网络翻译,一定要小心检查,预防此类问题的发生。针对"嫦娥"的解释,我个人认为可以类比西方童话中出现的精灵或者欧美电影中的超能力者,不含有宗教色彩,不是神灵,只是拥有某些现实中人类不可能拥有的能力。

点评:
该考生的作答方向基本准确,但是作答思路可以略作调整,尤其是提出建议部分。首先要为自己翻译不当造成的文化误解,真诚地向学生和家长道歉;其次,向他们解释清楚"嫦娥"在中国文化中的意义以及神话和宗教的不同;最后,要重点了解一下两国的文化,尤其是宗教文化,涉及翻译的问题一定要请教专业人士,以杜绝此类问题再次发生两个中文案例分析我一共用时6分钟，考官问我有没有需要补充的，我就又说了两三句。

中文问答环节之后是英文问答，两题都由考官口述。这部分我没有特别准备，除非涉及国际中文教育专业相关的专有名词，不然我都有信心听懂题目并用英文流利应答，最关键的答题思路基本可以参考中文问答。我拿到的两道题及回答如下：

1. You design a lesson to introduce Peking Opera to your students, but they seem not to be interested in Peking Opera. What should you do?

我的回答是：

It is quite common if your students are not interested in Peking Opera.

Nowadays even in China, not so many young people are interested in Peking Opera because of its slow speed and non-understandable lyrics. If we bring our students directly into the opera itself, of course it will be hard to attract the students, but if we get started from some activities like Peking Opera mask drawing or stage clothes analysis, it will be easier to attract the students. We can also try songs of singers like Li Yugang to see whether the students would like to listen to songs which merge modern and tradition together.

For younger students, we can try linking Peking Opera with colors and their meanings in China. Except all these suggestions I have given, we can always extend our lessons to anything linking with Peking Opera and can get students' focus. After that, we can introduce more about Peking Opera without losing their attention.

2. You are teaching an elective course in a middle school. Your class is in the afternoon, and some students will have extra-curricular activities after that. When the teacher who takes charge of ECA has something to announce, he always walks directly into the classroom and talks with the students, which disturb your class. What would you do?

我的回答是：

Even I am only an elective course teacher, I should have the authority to control my own class, and I should have the right to be respected by other teachers. Of course I would also respect them, so I will firstly communicate with the ECA teacher individually. We can discuss and come out some solutions to handle situations like urgent announcement, etc. For example, he should tell me that he has an announcement first so that I can stop my class and tell my students listen to the announcement. In this case, I can still control the pace and condition of the class. If I already communicate with

---

点评：

针对学生对京剧不感兴趣的情况，该考生按照由易到难、循序渐进的思路提出解决方案，回答基本到位。如果能对课堂设计再做详细说明，效果会更好。比如，先开设一节课重点介绍并制作脸谱；在此基础上引出京剧服饰，让学生为某个故事中的特定人物设计脸谱和服饰；再对京剧中的简单动作进行介绍，并让学生模仿；最后引出一段经典的京剧片段，如《霸王别姬》，通过简单的提问帮助学生理解，有条件的话，可以让学生再简单模仿一段

点评：

针对这一问题，该考生的处理方式比较合理。另外，在教学单位允许的情况下，作为该选修课的老师可以在门外贴上"正在上课，请勿打扰"的标语，以避免此类事情的再次发生

him for several times, but the same situation keeps happening again and again, then I will report all these to my leader and let my leader communicate with his leader.

英文问答两题一共用时 5 分钟，考官询问是否需要继续作答，我没有继续，表示已经可以了。面试结束，擦完黑板、感谢考官就可以离开考场了。

三、备考与应试建议

这两位考生虽然并非科班出身，但是通过整个面试过程，我们可以看出他们都准备得非常充分。比如，修改英文自我介绍，反复进行计时练习；根据专业老师的指导认真准备说课和试讲的内容，从中发现自己的问题并不断地加以修正；能迅速捕捉到中英文案例中的主要矛盾，并有条理地进行解析和表述。如果没有这些充分的准备，整个面试过程恐怕没有这么顺利。相信上述两个案例对大家都有所启发。对此，我们提出以下几点建议，希望对大家的面试有所帮助：

第一，制定复习计划，认真备考。两位考生的一个明显优点就是准备得非常到位，这也是他们制胜的关键所在。因此无论你有无教学经验，也无论你是否科班出身，务必要根据自身的特点，按照面试的要求制定一个详细的复习计划，并认真准备其中的每一部分，不放过任何一个细节。千万不要掉以轻心，因为没有通过面试的一线汉语老师也不在少数。

第二，实战模拟面试过程。整个面试过程是有时间限制的，而且时间非常紧张。想要顺利通过面试，最行之有效的办法就是：练！所以，大家要尽可能多地模拟面试过程（有条件的话可以请专业老师指导一下）。尤其是在计时的情况下，模拟如何用外语自我介绍，如何说课，如何试讲，如何组织课堂语言等等，以防在实际面试过程中出现时间多或少的问题。

第三，学会多角度思考教学案例。不同的案例有不同的特点，处于不同环境中的同一个案例又有不同的解决方式。大家在备考时要尽量多阅读一些案例，有意识地锻炼自己多角度分析案例的思维方式，并要学会条理清晰地表述自己的想法。比如，针对一个案例先简要分析原因，找出其中的主要矛盾，然后再有针对性地提出若干解决措施等。

第四，强化外语听说练习。考生柯玉的一大优势就是具备较强的英语听说能力，这大大增加了她的胜算。由于《国际中文教师证书》面试成绩采取"一票否决"的计分方式，因此对于像王文这样外语听说能力欠佳的考生，我们建议还是在考前一个月通过自学、一对一辅导、参加培训班等各种形式强化外语听说能力的训练，以免"一着不慎满盘皆输"。

附录一　常考语言点实例展示

1. 选择疑问句：A 还是 B（呢）？
   在 A 和 B 中进行选择问。如：
   （1）他是韩国人还是日本人？
   （2）你喜欢喝咖啡还是茶？
   （3）你上午上课还是下午上课？

2. 动词重叠：AA、A一A、A了A、ABAB、AB了AB
   动作持续的时间短或次数少，有缓和语气或轻松、随意的意味。如：
   （1）我可以试试吗？
   （2）大家都来尝一尝。
   （3）昨天晚上我看了看书，然后就睡觉了。
   （4）请你帮我介绍介绍。
   （5）今天晚上我复习了复习课文。

3. 状态补语：V+得+Adj.
   汉语中常用"V+得+怎么样"的形式表示对状态进行描写、判断和评价。如：
   （1）他跑得很快。
   （2）她说汉语说得很流利。
   （3）麦克游泳游得快不快？

4. 可能补语：V+得/不+结果（+O）
   表达一种可能性。如：
   （1）你听得懂京剧吗？
   （2）我看得见你，但是你看不见我。
   （3）这张桌子你搬得动搬不动？

5. 结果补语
   补充说明动作带来的结果，常用的有"V+完/懂/好/上/到/给/成……"，否定形式为"没+V+结果"。如：
   （1）今天的作业我做完了。
   （2）对不起，您说的话我没听懂。
   （3）这个"我"字你写成"找"字了。

6. 时量补语：V（+ 了）+ 时量补语

   表达动作或状态持续的时间，时量补语由表示时段的词语充当。如：

   （1）玛丽学了两年汉语。

   （2）刚才他看了一个小时（的）电视。

   （3）他们昨天游泳游了一下午。

7. 简单趋向补语：V（进 / 出 / 上 / 下 / 回 / 过 / 起……）+ 来 / 去

   表示人或者事物运动位移的方式和方向。如：

   （1）张老师不在办公室，他出去了。

   （2）外面太冷了，快进屋来。

   （3）我给你们带来了一些水果。

8. 复合趋向补语：V+ 进 / 出 / 上 / 下 / 回 / 过 / 起 + 来 / 去

   表示动作的方式和趋向。如：

   （1）他跑出去了。

   （2）他从美国给我们带回来一件礼物。= 他从美国给我们带回一件礼物来。

   （3）老师走进教室来了。

9. 动量补语：V+ 动量补语

   说明动作发生或进行的次数，常见的动量补语有"数词 + 次 / 遍 / 趟 / 下 / 声"等。如：

   （1）我去过一次上海。= 我去过上海一次。（宾语为地点）

   （2）对不起，我没听清楚，你可以再说一遍吗？

   （3）用别人的东西以前，一定要跟别人说一声。

10. "把"字句：S + 把 + O + V + ……

    用来表示对人或者事物的处置。如：

    （1）老师把书放在桌子上了。

    （2）我已经把这两本书看完了。

    （3）小李还没有把钱还给我。

11. "被"字句：S + 被 / 叫 / 让 / 给（+O）+ V + 结果

    表示被动的意义。如：

    （1）我的腿被自行车撞伤了。

    （2）电脑让弟弟弄坏了。

    （3）我的车子给小偷偷走了，他的车子没被偷走。

12. 比较句（比字句）：A + 比 + B + Adj.；B + 没有 + A（+ 那么 / 这么）+ Adj.

   表示同类事物之间的比较。如：

   （1）今天比昨天冷。

   （2）姚明比我高多了 / 高 50cm。

   （3）我的汉语没有他的汉语那么好。

13. 存在句（在 / 有 / 是）

   汉语中常用"位置 + 有 / 是 + 某物"来表示事物的存在。如：

   （1）桌子上有一本书。

   （2）教学楼东边是图书馆。

14. 存在句：地方 + V + 着（+ 多少）+ 人 / 物

   表示以某种状态存在。如：

   （1）桌子上放着一本书。

   （2）河边长着一棵柳树。

   （3）教室里摆着很多桌子。

15. 比较句（等比句）：A 和 / 跟 B 一样 / 不一样（+ Adj.）

   比较两个事物（在某方面）有没有区别。如：

   （1）我的包和他的包一样。

   （2）姐姐跟弟弟一样高。

   （3）这件衣服的颜色跟那件衣服（的颜色）不一样。

16. "是……的"句

   强调已经发生或完成动作的时间、地点、方式、目的、施事和受事等。肯定句中的"是"可省略。如：

   （1）我是昨天晚上到的。

   （2）我们是在北京学的汉语。

   （3）他（是）坐飞机来的。

   （4）她不是自己去的，是跟朋友一起去的。

17. 又……又……

   用来连接并列的形容词、动词，表达两种情况或状态同时存在。如：

   （1）这件衣服又好看又便宜。

   （2）那家饭馆儿的菜又贵又难吃。

   （3）你看他，怎么又哭又笑的？

   （4）我们大家一起又唱又跳，快乐极了！

18. **越来越……；越……越……**

    "越来越……"表示程度随时间的变化而变化。如：

    （1）天气越来越冷了。

    （2）祝你越来越年轻。

    "越……越……"表示程度随条件的变化而变化。如：

    （1）雨越下越大了。

    （2）她的汉语越说越流利了。

19. **双宾语句：S + V + O$_1$ + O$_2$**

    以"谓语动词 + 近宾语 + 远宾语"的形式，在一个句子中说明对象和内容。如：

    （1）我想送他一本书。

    （2）小王告诉我一个秘密。

    （3）你可以借我一百块钱吗？

20. **连动句：S + V$_1$(+ O$_1$) + V$_2$ + O$_2$**

    谓语由两个或者两个以上的动词或动词短语组成的句子。

    表达动作行为的目的：S+ 去 / 来（+ 地方）+ 做什么。如：

    （1）下课后，我想去图书馆借书。

    （2）下个月爸爸要来北京出差。

    表方式：怎么做某事。如：

    （1）他坐飞机去上海。

    （2）我们用汉语聊天儿。

21. **兼语句：A 叫 / 让 / 请 / 派 /…… B + 做什么**

    这里，B 既是"叫/让/请/派"等动词的宾语，又是后面"做什么"的主语，因此称为兼语。含有兼语的句子叫做兼语句。如：

    （1）妈妈叫你回家吃饭呢。

    （2）老师让我去他的办公室。

    （3）请你帮我一个忙好吗？

    （4）公司常常派他出差。

22. **经历和经验的表达：V+ 过**

    表示动作曾在过去发生，否定式为"没 +V+ 过"。如：

    （1）我吃过北京烤鸭。

    （2）你们看过这个电影没有？

    （3）他以前没来过中国。

23. 有点儿 vs. 一点儿：有点儿 + Adj.；Adj.+ 一点儿

    前者表示不满意，后者表示希望达到的效果，用来发表看法或表达意愿。如：

    （1）今天的天气有点儿热。

    （2）太贵了，便宜一点儿吧。

    （3）这件衣服有点儿大，有小一点儿的吗？

24. 一……就……：S+ 一 +V_1（+O_1）+ 就 +V_2（+O_2）

    连接一个复句。

    表示后一动作紧跟着前一动作发生。如：

    （1）马丁一下课就回宿舍了。

    （2）你一下飞机就给我打个电话吧。

    表示前一动作是条件或原因，后一动作是结果。如：

    （1）中国人一听就知道你是老外。

    （2）珍妮一喝酒就脸红。

25. 动作的进行：S+ 在 / 正 / 正在 + 做什么（呢）

    动词前边加上副词"在 / 正 / 正在"或句尾加"呢"，表示动作的进行。如：

    （1）妈妈在洗衣服（呢）。

    （2）昨晚七点的时候，我们正（在）吃晚饭。

    （3）他看电视呢。

26. 一边……一边……

    用来表示两个动作行为同时进行。如：

    （1）我们一边唱歌一边跳舞。

    （2）他一边听音乐一边做作业。

    （3）请不要一边打电话一边开车。

27. 因为……所以……

    因果复句，表示原因和结果。如：

    （1）因为下雨，我们不去爬山了。

    （2）他生病了，所以没来上课。

    （3）因为她学习很努力，所以学得很好。

28. 虽然……但是……

    表示转折关系。先肯定和承认"虽然"后边的事实，然后突出"但是"后边的意思，"但是"可单用。如：

    （1）汉语虽然很难，但是我们很喜欢学。

    （2）虽然他生病了，但是每天坚持来上课。

    （3）这件衣服我非常喜欢，但是价格太贵了。

29.	不但……而且……；不仅……也/还……
	表示分句之间的递进关系。如：
	（1）玛丽不但很漂亮，而且非常聪明。
	（2）不但年轻人喜欢网络购物，而且老人也特别喜欢。
	（3）这位老师不仅会说英语，也/还会说韩语。
30.	只要……就……
	表示条件，"只要"后面的事情存在、发生或者实现，会带来"就"后面的结果。如：
	（1）只要明天不下雨，我们就去爬山。
	（2）只要你努力学习，就能通过考试。
	（3）只要还有希望，我们就会坚持。
31.	除了……（以外），都/也/还……
	排除："除了……（以外），都……"表示从整体中排除"除了"后边的部分。如：
	（1）除了直美（以外），今天同学们都来上课了。
	（2）除了看书（以外），这孩子没有别的爱好。
	加合："除了……（以外），也/还……"用来表达数量多，在一部分之外还有另外一部分，突出后者。如：
	（1）除了北京（以外），他也去过上海和西安。
	（2）她除了唱歌以外，还会跳舞、打篮球、画国画。
32.	连……都/也……
	突出强调人或事物的某一特征。如：
	（1）这个问题太简单了，连小学生都知道。
	（2）我不相信连老师都/也不认识这个汉字。
	（3）来中国三年了，他竟然连长城都/也没去过。
33.	就 vs. 才
	时间/数量+就，强调时间早，时间短，数量少；时间/数量+才，强调时间晚，时间长，数量多。如：
	（1）今天早上我7点就到教室了，麦克10点多才来。
	（2）坐飞机去上海，两个小时就到了，坐火车十个小时才到。
	（3）他吃了一个包子就饱了，我吃了三个才饱。
34.	形容词谓语句
	汉语中，形容词可以直接作谓语，用来对事物进行描述和评价。如：
	（1）他的衣服很漂亮。
	（2）这次考试的成绩不太好。
	（3）你们的作业多吗/多不多？

35. 会 vs. 能

"会+V"常用于表达具备某种能力,"能+V"常表示有能力/条件/可能。如:

(1) 我会说一点儿汉语。

(2) 你能借我一支笔吗?

(3) 我会开车,但是今天喝酒了,不能开车。

除此以外,"会+V"也用于对于未来的情况进行推断。如:

(1) 明天会下雨吗?

(2) 他今天不会来了。

36. 要/快/快要/就要……了

用来表示马上发生的变化,其中"就要"前可加具体时间。如:

(1) 姐姐马上要结婚了。

(2) 快下雨了。

(3) 圣诞节快要到了。

(4) 下个星期我们就要考试了。

37. 先……然后/再……

表示若干动作行为的先后顺序。如:

(1) 下了课,我先回宿舍换衣服,然后去健身房健身。

(2) 每天晚上他先做作业,然后再吃晚饭。

(3) 写"打"的时候,先写左边,再写右边。

38. 了(句尾)

"了"出现在句尾时,常表示动作已经发生,或是情况出现变化。如:

(1) 我吃早饭了。

(2) 他昨天去超市了。

(3) 秋天来了,天气凉了。

39. "的"字短语

以"名词/形容词/代词/动词+的"的短语形式指代事物。如:

(1) 这个杯子是爸爸的。

(2) 每次换手机他都买黑的。

(3) 这本新的是朋友的,那本旧的是我的。

(4) 那些苹果是妈妈买的,我买的在厨房。

40. 疑问代词活用

　　任指（泛指）：表示任何人或者事物等，句中常用"也/都"呼应。如：
　　（1）天气太冷了，我哪儿也不想去。
　　（2）我们班的同学谁都喜欢张老师。
　　虚指：表示不确定、不知道、说不清楚或不需要说出的人或事物。如：
　　（1）这个人我好像在哪儿见过。
　　（2）我想买点儿什么礼物送给朋友。

附录二　《国际中文教师证书》面试仿真模拟试卷

《国际中文教师证书》
面　试

（通用版）

仿真模拟试卷 A

注　意

一、面试分五部分：
　　1. 外语自我介绍　（2分钟）
　　2. 说课　　　　　（3分钟）
　　3. 试讲　　　　　（7分钟）
　　4. 中文问答　　　（7分钟）
　　5. 英文问答　　　（6分钟）

二、全部面试时间为25分钟。

姓名：_____　　准考证号：_____

教学材料

老师：罗兰，电视台想请留学生表演一个汉语节目，你愿意去吗？

罗兰：老师，我不想去。

老师：为什么？

罗兰：我汉语说得不好，也不会表演。

老师：你学得很不错，有很大进步，汉语水平提高得很快。

罗兰：哪里，我发音发得不准，说得也不流利，让玛丽去吧。她汉语学得很好，说得很流利。玛丽还会唱京剧。

老师：是吗？她京剧唱得怎么样？

罗兰：王老师说，她唱得不错。

老师：她怎么学得这么好？

罗兰：她非常努力，也很认真。

一、说课（3分钟）

请根据上述材料进行教学设计，对以下方面进行说明。

教学对象	
教学目标 及 教学内容	
教学重点 及难点	
教学步骤	课时长度 课时安排

二、试讲（7分钟）

请根据上述教学设计选择恰当的教学内容，模拟教学场景，进行教学演示。

要求：包括导入、讲解、操练、活动、板书。

三、中文问答（7分钟）

案例1

　　于老师在美国一所大学教授中级汉语课，他教学态度非常认真，教案准备非常详细，并且严格按照教案设计的步骤进行教学，但是经常拖堂，引起了学生的不满。于老师也很沮丧：明明自己认真教学，拖堂是为了让学生学到更多知识，为什么学生不领情呢？如果你是于老师，你如何解决这个问题？

案例2

　　孙老师去国外一所大学教汉语，他发现当地学生与中国学生的学习方式完全不同：他们经常在上课时打断他讲话，提一些跟这个知识点相关的问题。孙老师觉得他们提的问题太多，影响了自己的教学进度。面对这样的情况，如果你是孙老师，你会怎么办？

四、外语问答（6分钟）

Question 1

You are teaching in the class and ask a student to answer your question, but he refuses to do that, no matter how much you insist. How are you going to deal with that?

Question 2

You tend to use lots of pictures in your slide shows as a way to support your teaching. One of your students finds that you always adopt the pictures of blond people to refer to "foreigners" and he thinks you are racist. Of course you are not, but what were you to do in this case?

《国际中文教师证书》

面 试

(通用版)

仿真模拟试卷 B

注 意

一、面试分五部分：
    1. 外语自我介绍 （2分钟）
    2. 说课 （3分钟）
    3. 试讲 （7分钟）
    4. 中文问答 （7分钟）
    5. 英文问答 （6分钟）

二、全部面试时间为25分钟。

姓名：_____ 准考证号：_____

教学材料

直美：我今天真是倒霉透了。

莉莉：你怎么了？

直美：别提了，刚才骑车出去，我被一辆三轮车撞倒了。

莉莉：是吗？受伤了没有？

直美：你看，胳膊和腿都被撞青了。

莉莉：真不像话。

直美：下午我逛商店的时候。钱包又叫小偷偷走了。真气人！

莉莉：你可真是够倒霉的。

一、说课（3分钟）

请根据上述材料进行教学设计，对以下方面进行说明。

教学对象				
教学目标 及 教学内容				
教学重点 及难点				
教学步骤	课时长度		课时安排	

二、试讲（7分钟）

请根据上述教学设计选择恰当的教学内容，模拟教学场景，进行教学演示。

要求：包括导入、讲解、操练、活动、板书。

三、中文问答（7分钟）

案例1

陈老师在墨西哥一所中学教授中文课。在教学中她发现有一位学生成绩不太好，经常在课上提问一些其他同学早就明白的问题。陈老师开始还耐着性子回答他，后来就对这个学生的问题置之不理了。不久以后，这个学生的家长找到陈老师，问她为什么对自己的孩子缺少关注？如果你是陈老师，你会怎么处理这个问题？

案例2（中文考官口述提问）

闫老师在法国一所大学教汉语，他发现法国同事打招呼的方式跟中国不同：暑假后同事们再次见面，法国人通常会热情地相互拥抱，甚至还要在面颊上来回亲吻。今天是新学期开学第一天，闫老师见到一位法国同事向他走来，张开双臂要跟他拥抱，便难为情地躲开了，用寒暄代替了拥抱，结果两人都感到很尴尬。面对这样的情况，如果你是闫老师，你会怎么做？

四、外语问答（6分钟）

Question 1

Some students are normally late for lessons, so the teacher usually chats with the early arrivals until the whole class are present. Do you think it is a good idea?

Question 2

You are teaching Chinese in a class offered by the Confucius Institute in an American university. One day, one of your students asks you, "Who is Confucius?" and "why is the school named after him?" How are you going to explain this to this student?